U0137662

皆喜闽南

—— 闽南文化生活日日观

黄婉彬 —— 主编

2021年·厦门

海峡出版发行集团
THE STRAITS PUBLISHING & DISTRIBUTING GROUP
鹭江出版社

一月

赏花灯

闽南民间有着丰富的年节习俗。正月初一是农历新年的第一天，这天清晨许多家庭沿袭早餐吃面线的风俗，预示着健康长寿。早餐后人们就会出门走亲访友，互相拜年，俗称"贺正"。若有客人上门拜年，主人要奉上糖果、蜜饯或甜茶等，以示新的一年有个甜蜜的开端。百姓在这一天还会祭拜祖先，开大门、放鞭炮迎接财神入户。年初一也有一些传统禁忌，如：初一不扫地，不倒垃圾，旧时认为这样做会将财气扫掉；早餐不吃稀饭，以免出远门多风雨；等等。

正月初一

ggīn à ài nî dāo, duǎ láng luǎn zâo zāo.

囝仔爱年兜，大人乱糟糟。

释义：小孩子喜欢过年，而大人忙着筹办
年货等，忙得一团乱。描述了民间过年期
间热闹而又繁忙的景象。

　　闽南人将正月初二称为"女婿日""女儿日"。这一天，出嫁的女儿都要携同丈夫一起回娘家拜年，称为"做客"。女婿上门给岳父岳母拜年，须送上丰盛的年货，诸如鸡、猪脚面线、猪肚、糕粿等，然后欢欢喜喜地在岳父岳母家吃一顿团圆饭。此外，这一天同样要用丰盛的菜肴、果品等祭祀祖先神灵。

正月初二

wǔ bê wǔ bbù cuē lǐ sãg,
有父有母初二三，
bbô bê bbô bbù dào dâg dāg。
无父无母斗担担。

释义：娘家父母还健在，初二初三回
娘家；无父无母的媳妇，留在夫家帮
忙抬担子。

闽南有俗语："初一早，初二早，初三睡到饱。"正月初三这一天是新丧家庭的祭祀日。在过去一年中若家里有亲人过世，人们就要在这一天祭祀去世的亲人，因此年初三这一天闽南人不会互相拜年。无须拜年，初三自然就可以在家睡到饱。如今人们大部分会在这一天出去踏青或者去庙宇祈福。

正月初二

cuê yī zà, cuê lǐ zà, cuê sāg kùn gā bà.

初一早，初二早，初三睡到饱。

正月初四是"迎神日",也叫"接神日",接的就是灶君公。闽南的传统灶台上都有一个角落专门供奉灶君公,在送神、迎神的日子里,灶台上要摆上好菜进行祭拜,三牲、水果、酒菜要备齐,还要焚香点烛烧金衣。

正月初四

sàng sín hōng, ziāb sín hoô。

送神风，接神雨。

释义：腊月廿四送神上天，凌晨起
风；正月初四接神入户，当天小雨。

正月初五俗传是财神的诞辰，这天就要接财神。民间接财神须供上羊头和鲤鱼，讨个吉利。每到过年，闽南百姓会在正月初五零时零分打开大门和窗户，燃香、放爆竹、点烟花，欢迎财神到家。

正月初五

cuê ggoô gè kuī , cuê lāk yōng buí。

初五过开，初六养肥。

释义：初五过完节日，准备开工，
初六积蓄肥料，以备春耕。

立春是农历二十四节气中的第一个节气，表示春季的开始。立春预示着春耕的开始。在这一天，农民把家中的牛拉出牛圈，但并不是让它下田耕作，而是带着牛去游春。这在民间被称为"游春牛"。

　　为祈求一年风调雨顺、五谷丰登，立春这一天百姓会祭拜主管农事的"芒神"。在闽南，立春时节讲究"啃甘蔗、咬白萝卜"，因为这个时节的甘蔗正甜，而萝卜在闽南又称"菜头"，有好彩头的寓意。此时还时兴制作当季的美食——春卷。春卷又称"薄饼"，由薄薄的面皮包着七八种乃至十几二十种时令蔬菜和海鲜制成。

立春（于每年公历二月三 —— 四日交节）

cûn tīng ggīg ā bbîn。

春天囡仔面。

释义：春天的天气像小孩子变脸一样，一会儿晴天，一会儿下雨。

正月初七俗称"人生日"或者"众人生"。在泉州一带，这天家庭主妇要为全家人煮一锅面线吃。面线里的佐料需要有肉丸、鱼丸、香菇、虾米等，并在碗中放几块油煎的甜粿。除此之外，还要吃一个鸡蛋和一个鸭蛋，寓意"一鸡一鸭，吃到一百"。旧时传说这天是"七煞日"，诸事不宜，尤其忌讳出门远行。漳州、厦门的百姓会在家吃七宝汤或者是七宝羹，以此祈求解除百病。如今已没有这样的忌讳，过年期间外出度假旅行成为了新时尚。

正月初七

zǐ guē zǐ â, zǐǎ gā zǐ bâ.
一鸡一鸭，吃到一百。

"进香"也叫"请香"，是闽南乡村春节期间的民俗活动，就是请本村的神明回到其祖庙举行"请水火"的仪式，有传承祖庙香火之意。

　　进香时神轿作为阵头，其后还有锣鼓阵等民俗表演阵队。村民们敲锣打鼓地来到祖庙，祭拜神明之后，将神明以及神龛共同请入神轿中启程回村，之后抬着神轿绕境游乡，走过村中的每家每户。在行进过程中，神轿要一直大幅摇晃，表示佛祖显灵。各家要在神轿来临之前在门口摆好贡品，当队伍来临时，鞭炮齐鸣，大家纷纷上前祭拜，祈求一家顺遂平安。

正月初八

yā bbě diām dîng ziêk, sing pà zǐ bût ciù。
抑未点香烛，先拍抑佛手。

释义：还没点香烛，就把菩萨的手打断
了。比喻做事不谨慎、慌慌张张的，必会
造成损失。

闽南人有浓重的敬天思想，并将无形的"天"具象化，称之为玉皇大帝，俗称天公。相传正月初九是玉皇大帝的诞辰，因此这天就成了闽南民间极为隆重的节日，闽南各地都会举办各种仪式来庆祝，祈求天公在新的一年赐福全家。

"敬天公"的仪式相当讲究。正月初八深夜，主妇们就要在家中正厅或门口设供桌，摆上三牲五果、香烛、金纸、鲜花等贡品。待初九子时，在隆隆的鞭炮声中，家家户户打开大门，老老小小穿戴整齐，依照长幼顺序上香祝祷。

正月初九

cuê gào bài tîg gōng, zâp ggoô siǒng gguân mí。

初九拜天公，十五上元暝。

释义：初九祭拜天公，十五举办元宵灯会。

炸枣是闽南地区的特色小食，但它并不是真正的枣，而是用面皮裹着馅料炸成的点心。炸枣的面皮用地瓜粉与糯米粉混合揉制而成，馅料有咸甜之分。甜馅以黑芝麻、花生碎为主，咸炸枣里包有炒制过的豆干、韭菜、高丽菜、虾仁等等。在过年、结婚生子、祭拜祖先、祭拜神灵等节日中，炸枣是闽南人家桌上必不可少的点心。

正月初十

ziǎ zìg zò

吃炸枣

正月十一是漳州"做福"的日子。漳州的檀林社附近有一座福山，人们会在这一天烹煮福猪肉，用福肉祭祀天公。祭拜仪式之后，各家各户分食福肉。

这一习俗与唐代开漳圣王陈元光、陈政有关。相传陈政大军在闽南平定地方啸乱时受阻，陈元光等人南下救援。到檀林附近的小山上时，见这里都是檀香树，香气宜人，便在此设坛祭天祈福。之后陈政大获全胜，当地民众闻讯，宰杀猪羊前来慰劳。唐军发现百姓生活不易，难得吃肉，便将猪肉用盐煮过之后又分给百姓。百姓认为托唐军的福气才能吃到肉，就将那座小山称为福山，漳州百姓也就将这一日上山祈福、分福肉作为一种习俗传承下来。

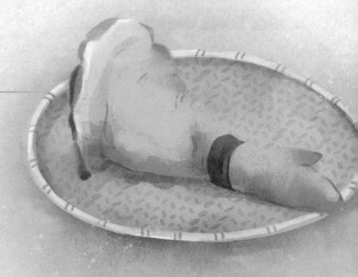

正月十一

zâp yît wǔ ziǎ hôk。

十一有食福。

释义：正月十一吃福肉。

寸枣是闽南传统小吃，也是新年必备的零食之一。闽南人在品茶时，常常将寸枣作为茶配。寸枣名字里有个"枣"字，其实和枣没有关系，它是用糯米粉和面粉制成的。

　　糯米粉和面粉揉搓，再拌上麦芽糖浆，最后裹上糖粉，下油锅炸得金黄，犹如"小金条"，看着十分讨喜吉利，吃着也香酥脆甜，它是闽南人记忆里过年的味道。

正月十二

zǐǎ cù zò , nî ní hò。

呷寸枣，年年好。

释义：吃了寸枣，年年都能顺风顺水。

碗糕是闽南的特色小吃，逢年过节，尤其是春节和清明节，它是供桌上的佳品。因为制作碗糕一是得"发"，二是要"笑"。"发"就是发酵，象征发家致富；"笑"就是当碗糕发得适当时用旺火蒸，顶面就会胀开口子，象征全家欢喜乐呵。在平日，碗糕也是美味的早点，吃起来软润香甜，弹性十足。

正月十二

jiân gè cê gō——huâk sîn ní。

煎粿蒸糕——"发"新年。

生仁糖又称作"春糖"或花糖，有粉色、白色、黄色之分，看起来像糖果，里面裹着的却是炸过的花生仁，它是闽南人最喜爱的茶配之一。不仅如此，生仁糖还是新春必备的年货和婚庆甜品，因为花生酥脆，糖霜香甜，颜色好看喜庆，好似甜甜蜜蜜的日子，又有早生贵子的寓意。

　　在炒生仁糖时，白糖加水煮到一定火候化身为"翻糖"，这时候放入炒熟的花生，来回翻动，花生外皮皱纹越深就越香脆。热茶配生仁，茶香生仁味更香。

正月十四

guē jiǎ cuì bbì â jiǎ gôk,
鸡食碎米鸭食谷，
gōk láng gōk wǔ gōk lâng hôk。
各人各有各人福。

释义：鸡食碎米鸭吃谷子，都各
自满足。意为要知足常乐。

正月十五元宵节，也称"上元节"。到了元宵，闽南过年的喜庆气氛又到了一个小高潮。当天傍晚五六点，家家户户都要准备丰盛的菜肴祭拜祖先，祈愿新的一年里全家平安健康。华灯初上，全家人聚在一起吃团圆饭，吃汤圆、赏花灯、猜灯谜。

赏花灯是元宵节的"重头戏"。从正月十三开始，街上就能看到小孩子提着花灯玩耍了。过去，老厦门人常在中山公园门口耍龙灯，市民也会提着各式各样的花灯游街，驻足观赏。

正月十五

ziǎ siǒng guân yíg, qîn qiǔg ân sîm yíg。

吃上元丸，亲像安心丸。

释义：吃了元宵的汤圆，人们过年欢腾的
心绪才能安定下来，开始一年的劳作。

泉州花灯是福建省著名的传统工艺品，兴起于唐代，盛于宋、元，影响广泛，具有鲜明的地方文化艺术特色，是我国南方花灯的代表。

　　泉州元宵节有着特殊的民俗——睇灯。这一天，家家户户的门口、店家门前都张挂着精心制作的花灯。一到晚上，花灯点亮，整条街成了灯河。男女老少盛装出行，走上街头欣赏品评千姿百态、五彩斑斓的花灯，人人沐浴在吉祥和瑞之中。

正月十六

kuàg huê dīng。

看花灯。

乞龟是闽南地区特有的元宵民俗活动。在元宵节，闽南百姓会用一袋袋大米堆成神龟的造型，或用糯米制成龟形的糕点，如"红龟粿""寿龟""枋片龟"等，以此供奉本境庙宇的神灵。人们纷纷到庙里焚香祈愿，再把"神龟"身上的大米或供奉的龟粿带回家和家人分食，以祈求家人平安、长寿、兴旺发达。

正月十七

gū ciò bî bbô bbè, bî ciò gū coô pé。
龟笑鳖无尾，鳖笑龟粗皮。
释义：乌龟嘲笑鳖没有尾巴，鳖则讥笑
乌龟的皮壳粗糙。意喻只看到对方的短
处，却没看到自己的缺点。

雨水节气到来代表春天临近，也是出嫁的女儿回娘家的时候。女儿要带着礼物回娘家感谢父母的养育之恩，女婿则要给岳父岳母送节，表示感谢和敬意。送节的礼品通常是两把藤椅，上面缠着一丈二尺长的红缎带，这称为"接寿"，意思是祝岳父岳母长命百岁。另一样典型礼品就是炖猪脚。用砂锅炖上一锅猪脚、雪山大豆和海带，再用红纸、红绳封口，给岳父岳母送去。

雨水节气闽南还有占稻色的习俗，也就是通过爆炒糯谷米花，来占卜这一年稻谷的收成。农民认为爆出来白花花的糯米越多，预示着当年收成越好。

cū guág hoô nā zuâg, dāng guág giò kō huâg。

春寒雨若溅，冬寒叫苦旱。

释义：春寒往往伴着绵绵不绝的春雨，冬天的冷
则是干冷，许久无雨。

闽南传统的婚嫁礼俗大致可分为"提字仔"（提亲）、"吃定"（定下婚事）、"送日头"（确定婚期）、"送定"（送聘金聘礼）、"迎娶"、"做客"这几个步骤。

在闽南地区，准新娘出嫁之前需要选个日子在自家厅堂祭拜神灵和祖先，并请儿孙满堂的"好命人"来给准新娘挽面。所谓的挽面，就是用细细的棉线一点一点将脸上的汗毛绞干净。民间将这一仪式看作是女子的成年礼。挽面之后，准新娘还要再一次祭拜祖先和天地，感谢父母长辈，以此表示已经成年，即将出阁。

正月十九

būt hào sîm bû sâg dèng siō,

不孝新妇三顿烧，

wǔ hào zâ bboō buàg loǒ yó.

有孝查某半路摇。

释义：儿媳再怎么不孝顺，还能在身边一
日煮好三顿热饭热菜。而出嫁的女儿即使
孝顺，却因离家太远，没办法侍候母亲。
这句俗语是劝告婆婆要善待儿媳。

闽南将上门提亲称作"提字仔"。"字仔"就是指一张写有男方姓名、出生日期和职业等情况的红色纸条。"提字仔"就是指男方到女方家，奉上写着自己基本情况的红纸条，并由女方将纸条放在祖龛前供奉三日。三日后若家中一切顺遂，女方即可将男女双方的"字仔"一起送到男方家，表示同意这门亲事。

報日子喜帖

正月二十

tê lǐ à

提亲（提字仔）

"吃定"也就是订婚。男方会请媒人将礼帖、订婚贴送到女方家，包括金戒指等金饰品和聘金、礼饼、香烛、鞭炮和猪肉，作为订婚礼物。而女方家要回赠金表链等饰品以及部分礼饼。同时，双方都要办订婚宴。在"吃定"时，男方要将写好生辰的帖子送到女方家，这叫"请八字"，之后由女方写上新妇的生辰，选取送定和迎娶的吉日。

正月廿一

dǐng hūn

订婚

"送定"，即送聘礼、聘金。闽南聘礼的种类很多：礼饼俗称"大饼糕花"，大饼就是马蹄酥，糕花则是麻糍；"四色饼"即各种小馅饼、礼糖，俗称"大糖小巧"。大糖是指印有龙凤双喜图案或吉祥语的喜饼，小巧就是糖果或者是花生糖、米香糖等。收到聘礼后，女方会将男方送来的喜饼退回一小部分，并再加送香蕉，寓意招子（闽南话"蕉子"音近"招子"）。

正月廿二

bbâ hoǒ lâng jiā, gût ěm hoǒ lâng kuě。

肉给人吃，骨不给人啃。

释义：在闽南婚俗中，男方可能会将全猪、全羊或猪腿作为"送定"的聘礼，但女方只能收下猪羊肉，猪腿要退还给男方，否则有不敬之意。

迎娶新娘之前要先择日，"送日头"就是指男方将迎娶的日期通知女方。因为在这之前双方家长已协商好婚嫁世俗中的各个事项，所以一般在"送日头"后，男方将如期上门迎娶，即"亲迎"。

正月廿三

gū cǎi cā bbâ, zā ě hoǒ lâng siò bbù bbâ。

韭菜炒肉，才会让人疼肉肉。

释义：在新郎到新娘家迎娶的时候，娘家人要为新娘做一道韭菜炒肉，寓意新娘嫁到夫家之后能够得到夫家人的疼爱。

新娘的嫁妆需在迎娶的前一天或数天提前送到男方家。嫁妆通常有金器、布料、礼饼、礼糖、古瓶酒、蜜料、茶点等日常用品以及"子孙桶"。从前大户人家嫁女儿，在经济允许的情况下，会将从生到老的各项用品，无论巨细，全部配齐当作嫁妆。

正月廿四

ziǎ dîg dīg, sîg hǎo sīng。

吃甜甜，生后生。

释义：吃得甜蜜蜜，早日得贵子。

"上头"，即成人礼。在举办婚礼前夜或者当天凌晨，男女双方都要举行"上头"仪式：在家中正厅祖先神位前放一个"加笤"（即竹筛），并在上面覆上红毡，毡上放一把竹椅，让新人坐在竹椅上，由"好命人"站在身后帮忙梳头。

正月廿五

cuǐ gā zī ǎ ě siô dâk。

喙甲舌有时也会相触。

释义：嘴巴和舌头有时也会"打架"。比喻关系再好的人也会有闹矛盾的时候。

婚礼当天，当新娘准备离家的时候，都要哭几声，俗称"哭好命"。新娘一出门，娘家人就要放礼炮相送。新娘离家后不远，要扔下一把扇子，俗称"放心扇"，让家里的父母放心，不要牵挂。

正月廿六

kào hō miâg

哭好命

释义：啼哭以求好命、发财和吉利。

在闽南婚俗中，迎娶新娘进门时，新娘需要脚底踩着瓦片，头上遮着米筛，然后跨过火炭，寓为避开天地间的灾难。在闽南语中，"炭"和"拓"同音，有"繁衍"的意思，所以跨火炭包含了后嗣兴旺的寓意。如今这些旧俗已难得一见，但是闽南在凌晨娶亲的习俗延续至今。

正月廿七

bboō duǎ zì, zě gîm gâo yì.
某大姊，坐金交椅。

释义：娶比自己年长的妻子，生
活中会得到较好的照顾。

在闽南婚俗中，到送定之后，男女双方的姻亲关系就确定下来了，双方家长开始以亲家相称和来往，在未举行迎亲仪式之前，如果遇到过年，就需要"送年"。传统的送年习俗，男方应送猪腿、大米、衣料等，女方则要回赠面线、鸡鸭蛋。现在随着社会经济的发展，送的礼物也发生了改变。

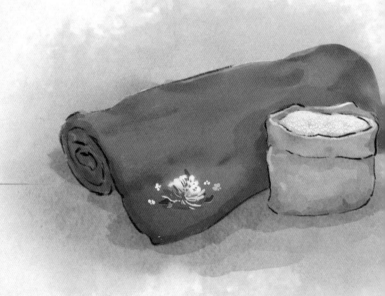

正月廿八

ciû duâ bûn cē, giàg duǎ bûn gē。

树大分权，囝大分家。

释义：树长大了要分权，儿子长大了要离开
父母独立生活，父母不必为此伤心发愁。

确定好结婚办酒席的日子之后，男女双方都会准备礼饼喜糖，连同喜帖送给亲朋好友，同时告知成婚时间。亲朋好友知道之后，都会送来贺礼。男方家收到的贺礼称为"添丁"，女方家收到的贺礼则称为"添妆"。贺礼必须在迎娶日之前送出。新人收到贺礼，会一一记录在册，作为以后回报的依据。

正月廿九

日积月累

tiâm zēng、tiâm dīng

添妆、添丁

每一对新婚夫妇婚前都要精心布置婚房。闽南婚俗中有"和床"这一习俗，也称安床。在"和床"这一天，先将床架和床板安装好，按照适合的方向摆放，再请一位儿孙满堂的"好命人"铺床、挂蚊帐、摆设各种东西，并且在床头、床尾和床脚放置铜钱。床安置好后还要祭拜床母，随后让一两个小男孩爬到新床上滚闹嬉戏，以此寄望新娘早生贵子。

正月三十

bâo lī lîp báng, bbô bâo lī zî sì láng。

包你入房，无包你一世人。

释义：媒人只能促成婚事，婚后的琐事都
管不了。这句话媒人常说，也用来比喻某
些人只顾眼前，不负责将来的事情。

二月

鼓浪屿

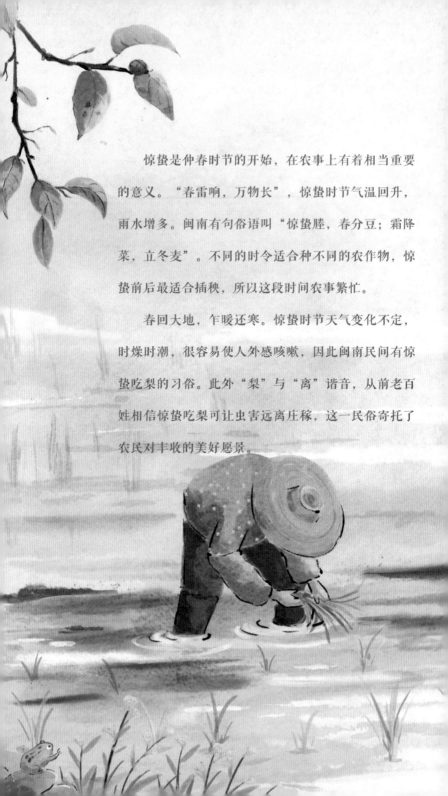

惊蛰是仲春时节的开始，在农事上有着相当重要的意义。"春雷响，万物长"，惊蛰时节气温回升，雨水增多。闽南有句俗语叫"惊蛰膣，春分豆；霜降菜，立冬麦"。不同的时令适合种不同的农作物，惊蛰前后最适合插秧，所以这段时间农事繁忙。

春回大地，乍暖还寒。惊蛰时节天气变化不定，时燥时潮，很容易使人外感咳嗽，因此闽南民间有惊蛰吃梨的习俗。此外"梨"与"离"谐音，从前老百姓相信惊蛰吃梨可让虫害远离庄稼，这一民俗寄托了农民对丰收的美好愿景。

giâ dît sǐng, cûn hûn dâo;
惊蛰螣，春分豆；
sêng gàng cǎi, lîp dàng bbē。
霜降菜，立冬麦。

释义：惊蛰宜插秧，春分好种
豆；霜降栽大菜，立冬种小麦。

闽南人有在农历每月初二和十六"做牙"的习俗，也就是要祭拜土地公。农历二月初二则是每年的第一个祭拜日，称为"头牙"，又称"龙抬头"。头牙过完，春节正式结束，一年忙碌的生活就正式开始了。人们会在这一天祈求一年风调雨顺，获得好收成。

　　俗话说"龙不抬头，天不下雨"，龙是祥瑞之物，又是和风化雨的主宰。农历二月二，人们祈望祥龙兴云作雨、滋润万物。民谚说"二月二剃龙头，一年都有精神头"。每年二月二这一天，家家理发店顾客盈门，生意兴隆。

二月初二

ní hông xiâng cūn, jiǎ bbì wǔ cūn。
年逢双春，吃米有椿。

释义：一个农历年中若有两个立春，
当年雨水就多，谷物生长就好，收成
好了，米就吃不完，有余粮。"椿"
在闽南话里为"剩余"的意思。

土笋冻是闽南传统特色小吃，起源于福建泉州沿海，流行于福建厦门、泉州、莆田等地区。它是由一种海里的星虫加工而成的冻品。这种星虫学名叫可口革囊星虫，身长两三寸，呈圆筒形，看上去有点像迷你笋，闽南人称其为"土笋"。经过熬煮，虫体所含的胶质溶入水中，冷却后即凝结成块状。土笋冻味美甘鲜，还含有丰富的胶原蛋白。食用土笋冻时可以搭配酱油、甜辣酱、芥末酱、蒜蓉、花生酱、芝麻酱等。

闽南的土笋冻以泉州安海的最为出名。泉州土笋冻选用新鲜星虫熬煮，胶质部分偏软，嫩嫩的，一戳就碎。一般搭配蒜蓉酱、醋或酱油。而厦门的土笋冻做法略有不同，做出的土笋冻比较弹韧，一般搭配蒜蓉、芥末酱和芝麻酱，还有酸萝卜。

二月初三

toô sūn dǎng

土笋冻

芋包是闽南传统小吃，以芋头为原料制成皮，包裹着馅料。在福建地区，厦门、永安、安溪三地的芋包都非常有名。不同地区的芋包做法和选材也会有些不同：

厦门芋包选用的主要食材是槟榔芋，再将五花肉、鲜虾、荸荠、冬笋、豆干等混入五香粉，包入芋泥制成的皮，放入蒸笼蒸熟。其外形呈碗状，搭配厦门甜辣酱、沙茶酱等，咸香味美。

永安芋包选用的是大芋头，馅料有：肉、豆干、香菇、虾仁、葱花等。与厦门芋包不同的是，永安芋包的馅料要先下锅翻炒，再包成三角形、石榴形或鱼丸形。

安溪芋包与前两者最大的区别就在于它是以水芋头为原料。馅料选用五花肉、葱、笋等，加入八角粉、酱油等调味，也别有一番滋味。

二月初四

ziǎ oǒ bāo
吃芋包

海蛎煎，又叫蚵仔煎，起源于福建泉州，是福建沿海、台湾地区和潮汕地区的传统小吃。在闽南，海蛎煎是一道考验主妇厨艺的菜肴，虽然制作过程简单，但是要做得特别好吃，还颇具技巧。闽南新娘子入门后第一次下厨做的菜中，一般就有这道菜。做得好的，会让公婆另眼相看。这道家常菜是家家户户宴客时的必备菜肴。

[菜品起源]

相传，公元1661年，荷兰军队占领台南，郑成功率军从鹿耳门攻入，大败荷军，意欲收复失土。荷军一怒之下，把米粮全都藏起来。郑成功急中生智，就地取材，将台湾海边盛产的海蛎、番薯粉加点水混合，煎成饼吃，想不到竟流传后世，成了风靡海峡两岸的小吃。

二月初五

buî ô à, buî gū cǎi.
肥蚵仔肥韭菜。
释义：农历二月，韭菜的生长最为旺盛，此时海蛎也最为肥硕。

烧肉粽是闽南地区的传统风味小吃，也是端午节的食俗。"烧"闽南语意为"热的"，烧肉粽也就是热粽子。闽南地区以咸肉粽和碱粽较为多见，肉粽最受欢迎。肉粽的做法讲究：要精选上等的糯米，浸后晾干，再将香菇、瑶柱、红烧肉、虾米、板栗等配料拌上卤汤、葱头油，在锅里炒得又干又松，再用竹叶包好煮烂。打开粽叶，只见粽子色泽棕红，口感油润不腻。吃时配上沙茶酱、蒜蓉、厦门辣酱等调料，更是美味可口。端午时节闽南地区家家户户备有肉粽，供奉神明先祖。

二月初六

siô bbà zǎng

烧肉粽

五香条是闽南特色小吃，是用薄透的豆皮裹上馅料炸成的条状小食。它原来只是传统的特色小点，后来逐渐出现在宴席上，登上大雅之堂。闽南地区在婚宴、祭祀、庙会、招待贵客等重要的场合或特别的节日里，都会制作五香条款待来宾。

〔做法〕

1.将葱、荸荠和蒜切丁，猪肉切成小块，胡萝卜刮成丝，混合以上食材，加鸡蛋、面粉、地瓜粉、白糖、麻油、五香粉、盐和味精拌匀。

2.豆皮平铺，放上配料，卷成寿司状。放蒸笼蒸15~20分钟，出笼冷却。冷锅热油，待油温六成热时再下锅炸，炸至呈金黄时捞起沥干。最后切成几段，摆入盘中，配辣椒酱即可上桌。口感香、酥、脆、鲜，妙不可言。

二月初七

ggoō hiông diáo

五香条

同安封肉是厦门同安的传统名菜，在闽南地区颇有名气。做法是将整块的五花肉装盆，配上香菇、虾米、板栗等佐料，加盖入笼蒸熟。揭盖时肉质鲜红细嫩，肉香扑鼻。每当人们办喜事或举办筵席，都忘不了封肉，并且把封肉作为大菜安排在筵席中间段。在筵席上吃到封肉，就说明筵席已经过半了。

〔菜品起源〕

五代后梁开平四年（910），王审知被封为"闽王"，获得一方形大印。当时同安当地的官员为他办了一场盛宴，席间就有这道菜。四四方方的大块猪肉恰似封王的大印，用黄巾（即用白纱布浸煮北辰山的黄栀子叶而成）包裹，犹如束印黄绫，布包为"封"。封者，"敕封"也，所以就叫"封肉"。

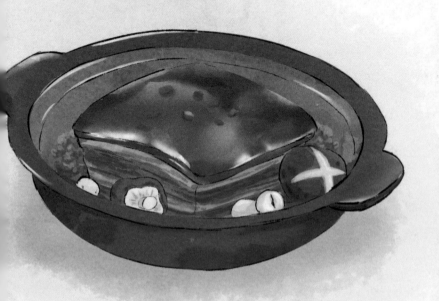

二月初八

ziǎ hông bbâ

吃封肉

沙茶面是厦门著名的小吃，是华侨从东南亚带回的一道美食。福建是最早对外开放的沿海地区之一。福建人生活中有很多舶来品，沙茶就是其中之一。在200多年前，不少闽南人下南洋谋生，发现当地的烤肉串都有一种辛辣咸香的味道，印尼话叫"sate"，中文译为"沙嗲"。后来这种异域风味被华侨带回了闽南。闽南人饮茶成风，就将"sate"译作沙茶（闽南语的"茶"和"嗲"同音）。

沙茶面的独特口感关键在于用沙茶酱制作的汤头。沙茶酱主料包括虾干、鱼干、葱头、蒜头、老姜等十几种食材。用沙茶酱制作的汤头，汤色红亮，甜香爽口，味鲜浓郁。

二月初九

sâ dê mî

沙茶面

崇武古城位于泉州市惠安县，是一处著名的历史人文景观，距今已有600多年的历史。它是明朝政府为了抗击倭寇而建造的一座石头城，是我国海防史上的珍贵历史遗迹。抗倭名将戚继光曾在这里屯兵演练，最终平定了福建十年的倭乱。为了纪念这位民族英雄，人们在崇武古城内树立了一尊10.8米高的戚继光石雕像。威武高大的石像面朝大海，守护一方平安。

石头是崇武城的灵魂。古城内遍布石门、石屋、石桌、石椅、石板路……古城南侧如今创设了一个石雕工艺博览园，展示着包括浮雕、影雕、圆雕等不同艺术风格的石雕作品。当地著名的惠安石雕已被列入第一批国家级非物质文化遗产保护名录。

二月初十

ziǒng bbù ě zioǒ diāo zîn kiào。

崇武的石雕真巧。

释义：崇武的石雕很精巧。

齐云楼是座中型椭圆形土楼，坐落于漳州华安县沙建镇岱山村。它建于明万历十八年（1590），距今已有600多年，是目前已知始建年代最早的圆形土楼，被称为"楼母"。

齐云楼位于岱山村最高点，依山而建，坐北朝南。楼呈横式，与屋后山体平行，高7.6米，东西直径62米，南北直径47米。分上下两层，里面有26个单元，各单元有独立的门、厅、天井、楼梯。楼内有一眼深井，可以从30米深的井底取水，门厅中有一部公共楼梯。

二月十一

ciū sīm sǐ bbâ, ciū buê ǎ sǐ bbâ。

手心是肉，手背也是肉。

释义：意指对人要一样看待、一样爱护，不能偏心。

番仔楼是一种中西合璧的闽南民居，多由闽南的南洋归国华侨所建，且建筑材料多从南洋运输而来，故被称为番仔楼。

　　番仔楼集闽南传统古民居与南洋建筑的风格于一体，楼内普遍装饰有各种石雕、砖雕、彩画、拼砖、灰塑等，工艺精湛，令人叹服，是闽南侨乡的建筑瑰宝。番仔楼不仅建造精美，而且每一栋楼背后都有一段闽南华侨下南洋打拼的辛酸历史，极具传奇色彩。闽南的番仔楼以泉州的数量为多，石狮永宁镇的番仔楼群以其独特的样式及丰富内涵成为其中的代表。

二月十二

zě suāng kuàg hài

坐山看海

释义：占据风水宝地。

骑楼是沿海侨乡特有的南洋风情沿街建筑。其特点是上楼下廊——楼上供人居住，楼下廊道供人行走。在新加坡，这种建筑被称为"店铺的公共走廊"，意指临街有店铺的住宅。其首层部分必须留设有约1.5米的步行廊道，行人在廊道内行走，可以躲避风雨侵袭，避开艳阳照射，凉爽便利。

厦门和泉州两城的中山路（街）都有标志性的骑楼建筑。

厦门中山路的骑楼，楼下的廊道商铺林立，人潮如织。这些骑楼绝大部分是20世纪20年代闽南华侨回乡建造的，是厦门建筑文化的代表。

泉州的中山街年代则更加久远，可以追溯到唐代。到了20世纪初，一些在南洋发家致富的华侨将资金注入中山街的商铺，这条街便渐渐成长为繁华的商业街。海外游子的爱乡之情和泉州温暖的海风带来了中山街的繁荣。

二月十三

bbǎn niū êng gīm būt lú bǒ ggê suî sīn。

万两黄金不如薄艺随身。

释义：人要靠自己的一技之长生活，否则即使有万两黄金，最终也会坐吃山空。

南安官桥的蔡厝古民居是一处典型的闽南民居建筑群，修建于清光绪年间，至今已有百年历史。整个建筑群方圆百亩，有序排列着十几座宅第。在这一建筑群中，先后兴建有汉氏古大厝16座，大小房间400间，以及宗祠两座。民居布局按五行排列，每行二至四座，每座三进五开，边有护厝。每座均坐北朝南，有独立门户自成一体，又有石路相连。远远望去，红瓦屋盖层层叠叠，马头山墙鳞次栉比，气势恢宏。

此地原称"翁厝桥"，因为晚唐诗人翁承赞曾寓居于此。他在溪旁修宅建桥，其宅第就被称为"翁厝"，小桥则被称作"翁厝桥"，又由于翁承赞乃官宦出身，乡人渐渐地将这里称为"官桥"。

二月十四

zāo guâg gió, gông cuà cǔ。

走官桥，说蔡厝。

厦门集美龙舟池畔矗立着一座琉璃瓦、八角顶的白色建筑，这就是南熏楼。南熏楼由爱国华侨陈嘉庚捐资所建，于1957年6月建成。整个楼群由一栋主楼和两侧的翼楼构成，布局呈Y字形，楼体外观颇具特色：整个造型下宽上窄，类似塔楼结构，主楼为高15层的西式建筑，屋顶则为中式的亭子，立面用琉璃瓦装饰，展现出"穿西装，戴斗笠"的嘉庚建筑风格。

南薰楼的名字取自《诗经·南风歌》里的"南风之薰兮，可以解吾民之愠兮"，蕴含着陈嘉庚先生"教育兴国，科学兴国"的伟大理想。塔楼顶部的"集美"二字，使这栋楼成为集美甚至是厦门的标志。

二月十五

bbô hō dě gī, diǒ kī bbô hō cǔ.

无好地基，着起无好厝。

释义：没有好的地基，就盖不了质
量好的房子。意指读书、做事都得
打好基础。

闽南话把房子叫"厝"。红砖厝是闽南极具代表性的传统民居。其外观红砖红瓦，艳丽恢弘，而内在则质朴端庄。红砖厝在设计上汲取了中国传统文化、闽越文化和海洋文化的精华，"红砖白石双坡曲，出砖入石燕尾脊，雕梁画栋皇宫式"，是对闽南红砖建筑特色的形象表述。红砖厝内常以红砖为材料制成各种吉祥的图案作为装饰，如六角龟甲纹、寿字纹寓意"长寿"，金钱纹寓意"发财"，八角形寓意"八仙迎祥"等，图案种类众多，构思巧妙，工艺精美，且永不褪色。如今，红砖古厝主要分布于福建的厦、漳、泉等地。

二月十六

cù lâi wǔ jǐt lò, qîn ciǔg wǔ zît bò。

厝内有一老，亲像有一宝。

释义：家中有老人，会使整个家庭充
满凝聚力，亲情长存，同时也会给子
孙提供宝贵的经验，如同珍宝。

歌仔戏是一种闽南方言戏剧，主要流传于闽南和台湾地区。歌仔戏起源于闽南，起初是闽南民间用方言传唱的各种民谣，被称为"歌仔"，后来在17世纪随着大批闽南人往台湾开基，又被传播到台湾。闽南歌仔在台湾与当地少数民族的山歌逐渐融合，到19世纪末产生出一种清新悦耳的"七字调"，又逐渐演变为民间迎神赛会时表演的歌仔阵。20世纪初，在台湾被日本侵占的时代背景下，诞生了以闽南方言传唱的歌仔戏，大受欢迎，并于20世纪二三十年代随着台湾的戏班被带回闽南。

歌仔戏记录和再现了闽南的民俗风情，是珍贵的艺术宝藏。自诞生以来，两岸演出交流不断，歌仔戏成为两岸人民沟通交流的精神纽带。

二月十七

sīn kiá bě bbè zōo sâm guān, gāi wǎg soò yī huê diông guán,

身骑白马走三关，改换素衣回中原，

bàng lǒ sâi liáng bbô lâng guàn, yī sīm zī siǔg wông bō cuān。

放下西凉没人管，一心只想王宝钏。

释义：摘自歌仔戏唱段《王宝钏与薛平贵》。

南音是闽南的一种民间音乐，又被称为南曲、南管、弦管、锦曲等，用闽南方言演唱，以琵琶、洞箫、二弦、三弦等乐器伴奏。它发源于福建泉州，与唐、宋宫廷音乐有着密切的联系。南音至今保留着唐宋曲牌，如《清平乐》《梁州曲》等，有浓厚的中原古乐遗风。因此南音有"中国音乐史上的活化石"之称。

二月十八

ài suì ěm giâg lâo pǐg zuì。

爱水呣惊流鼻水。

释义：爱美的人在寒冷的天气依旧
衣着单薄，不怕感冒流鼻涕。

北管是一种从江淮一带传入闽南的民间丝竹音乐。传入闽南之后，闽南人把北管戏的对白改成闽南话，用南音的乐器加到北管演奏当中，使得闽南的北管音乐和北管戏在保留了江淮一带民歌明朗、幽雅特点的同时，更具闽南音乐柔婉秀丽的特色。

二月十九

âng huē bbuě pāng , pâng huē bbuě áng。

红花燴芳，香花燴红。

释义：比喻外表好看的东西，内容或本质不一定好，内容或本质好的东西，外表不一定是好看。说明凡事不可能样样两全其美。

车鼓弄又叫做弄车鼓、车鼓阵，是一种结合了说唱、表演于一体的闽南民俗娱乐形式。表演时，二人扮作男丑和彩旦，扛着鼓轿，踏着四方交叉步，三步进，三步退，口中一唱一答，诙谐幽默，妙语如珠。在乡村迎神赛会、农闲节日的庆祝活动以及新婚闹洞房等喜庆日子，车鼓弄都很盛行。

二月二十

boō lâo tàn hō tīg , tǎk cê tàn hǎo sīg。

补漏趁好天，读册趁后生。

释义：屋漏要趁晴天补好，读书求学要趁年轻。

答嘴鼓也叫"拍嘴鼓"或"答嘴歌"，是闽南常见的一种说唱艺术，用闽南语表演，带有喜剧性，具有浓郁的乡土气息。

　　答嘴鼓类似于北方的对口相声，但是要求每一句话都押韵。表演当中不时穿插些闽南谚语，诙谐有趣，生动活泼，常常引得观众捧腹大笑。在方言日渐消退的今日，答嘴鼓在闽南语传承上扮演着重要的角色。

二月廿一

dāp cuì goò

答嘴鼓

讲古是闽南百姓喜闻乐见的一种民间表演艺术，也就是将讲故事发展成说书的形式，用闽南话来说书，称为讲古，又叫作"练仙敲古"。讲古表演过程中时常融入丰富的闽南话词汇、谚语、俗语、掌故、歌谣等。讲古先生只要有一桌一椅、一块惊堂木、一把折扇，就可以谈古论今，滔滔不绝；台下的听众往往听得如痴如醉。在欣赏表演的同时，还能了解有关历史、文化、社会生活等方面的知识，寓教于乐，因而深受群众欢迎。

二月廿二

liǎn xiān kà koôh
练仙敲古

释义：谈天说地

"宋江阵"是闽南一带在春节、元宵、中秋等传统节日里表演的一种群众性武术操。"宋江阵"里用到的每一种兵器，都对应着一名梁山好汉。

　　明清时期闽南一带常有倭寇扰民，为了抵御倭寇，百姓自发组织了一支自卫队伍，模仿梁山好汉的穿着打扮，以《水浒传》中的"三十六天罡，七十二地煞"为主要武阵，这就是"宋江阵"的由来。后来，郑成功收复了台湾，曾在当地百姓当中推广宋江阵，它成为保卫家乡、强健体魄的重要手段。一直到现在，在台湾高雄等地，"宋江阵"依然长盛不衰，成为台湾最具特色的民俗活动之一。

二月廿三

ĕm giâg bâk láng kuàg bbuĕ kì,

怀惊别人看绘起，

zī giâg gǎ gǐ bbô zì kǐ。

只惊家已无志气。

释义：不怕别人瞧不起，只怕自己没志气。

春分是最适合郊游踏青的时节。这个节气白天和夜晚的时间一样长。同时，春分时节往往气温跌宕，急升骤降。闽南俗谚说"春天团仔面，一日变三变"，形容春天的天气犹如小孩子的脸，喜怒无常，说变就变。

春分时节百姓常吃春菜，就是一种野苋菜，又称为"春碧蒿"。将它与鱼片一起煮汤，名为"春汤"。此外，在春分的时候还要吃汤圆，并且煮一些没有包馅的汤圆放在田地边，让鸦雀来吃，让这些鸦雀不再来破坏庄稼，俗称"念雀嘴"。

春分（于每年公历三月二十 — 二十一日交节）

cūn hūn qiû hūn, míg līt duì būn。

春分秋分，暝日对分。

释义：春分秋分，昼夜平分。

清源山是泉州的主山，因山上泉眼诸多，又名"泉山"，泉州也因此而得名。整座山上最著名的景点是位于山下的老君岩，也就是老子的巨石雕像。这座雕像成像于宋朝，雕刻得栩栩如生。它是我国现存最大、雕技最绝、年代最久的道教石雕造像。此外，清源山景区内还存有弘一大师的舍利塔，塔壁上雕有丰子恺先生悲切所作的泪墨画，塔前立有大师生前的遗墨石刻"悲欣交集"。

　　除了丰富的人文景观，清源山也是踏青休闲的好地方。在山路两旁有不少休息泡茶的驿站，可以供游客品茶观景，细细品味闽南文化。

二月廿五

bbǎk ziû méng bbô sō。

目珠毛无掣。

释义：眼睛没擦亮。比喻不识
相或有眼不识泰山。

马銮湾位于东山岛马銮村东面海滨，是一个天然秀丽的大海湾。它总长2500米，呈月牙形，北角有妈祖山，东南角有赤屿、头屿、二屿、三屿等岛屿。马銮湾内没有暗礁，且风浪小，沙滩沙质细软洁白，是绝佳的海滨浴场。游客来到东山岛，一定会到马銮湾踏浪赶海，在洁白平坦的沙滩上拍拍照，抓小螃蟹，捡贝壳，真是乐趣无穷。因此马銮湾是东山岛几个海湾中比较热门的景区，节假日人潮如织。

二月廿六

gâm ziǎ bbô siâng tâo dǐg。

甘蔗无双头甜。

释义：甘蔗不可能头尾都甜。
比喻事物不可能十全十美。

小嶝岛位于厦门翔安区大嶝镇，和金门隔海相望，是祖国大陆距离台湾金门最近的有人住的岛。岛上的民居颇具闽南建筑风情。这里曾经经历战火的洗礼，如今岛上还留有当年的碉堡、战壕以及对台广播旧址。

　　小嶝岛四周水域辽阔，海水澄澈，盛产石斑鱼、对虾等海产，在这里可以享受垂钓的乐趣，尽情地享用海鲜。

二月廿七

日积月累

gòng gǎo zuě gǎo, ěm bàng kâng pǎo。

讲到做到，怀放空炮。

释义：说到做到，绝不说空话。比喻
言而有信，说到要做到。

曾厝垵坐落在厦门的环岛路上，被誉为"全国最文艺村落"。这里原是一个质朴的渔村，后来逐渐蜕变成了炙手可热的文化创意村。走在曾厝垵的小路上，可见不少闽南红砖古厝和南洋风情的番仔楼。这些建筑是下南洋打拼的闽南华侨回乡建造的。如今这些风格独特的建筑以家庭客栈的形式重获新生。

　　在文艺外衣的包裹下，曾厝垵实际上仍是一个闽南原生态自然村。村内的福海宫和拥湖宫供奉着保生大帝、妈祖娘娘等神祇。每到民俗节日，这里的街巷热闹非凡，信众们会举办各式民俗活动，演戏酬神。此时的曾厝垵，又是另一番姿态和韵味。

二月廿八

bbè sì kā mǎ ě sīt dué。

马四骹也会失蹄。

释义：比喻人无完人，金无足赤，人难免有犯错误的时候。

云水谣古镇坐落于漳州南靖县长教风景区，是个历史悠久的古老村落。村中古道幽长，灵山碧水。百年老街旁溪水潺潺，溪边最引人注目的就是由13棵老榕组成的榕树群。这些榕树的树龄短则百年，长则已上千年。其中一棵老榕树树冠覆盖面积1933平方米，树丫长达30多米，树干底端要十多个大人才能合抱，是目前福建省内已发现的最大的榕树。

　　除了壮观的榕树群，古镇里还有各式各样的土楼，山脚下、溪岸旁、田野上、星罗棋布。这些土楼姿态万千，有建在沼泽地上堪称"天下第一奇"的和贵楼，有工艺精湛、保护完好的双环圆土楼——怀远楼，还有吊脚楼、竹竿楼、府第式土楼等，风景别具一格。

二月廿九

cuān láng bbô duè

喘人无底

释义：指轻浮、爱出风头的
人，实际上没有真本事。

三月

沙坡尾

水仙茶是闽南漳平特产，由当地茶农所创制，也称漳平水仙。水仙茶系用水仙品种茶树鲜叶，按闽北水仙加工工艺并经木模压造而成的一种方饼形的乌龙茶，结合了闽北水仙与闽南铁观音的制法，茶饼更是乌龙茶类中唯一的紧压茶，品质珍奇，风格独一无二，极具浓郁的传统风味，香气清高幽长，具有如兰气质的天然花香，滋味醇爽细润，经久藏，耐冲泡，茶色橙黄或金黄，细品有水仙花香，喉润好，有回甘，更有久饮多饮而不伤胃的特点，醒脑提神，还兼有健胃通肠、祛湿等功能。

三月初一

bbô dé bbût sîng lè

无茶不成礼

释义：闽南人有喝茶的生活习惯，客人来访，就得泡上一壶好茶与客人共品。茶是招待客人主要的饮品之一。

闽南地区是乌龙茶的四大著名产区之一。安溪铁观音是闽南乌龙茶的代表，有"中国茶王"之称。在很长一段时间里，安溪铁观音几乎是中国乌龙茶的代名词。铁观音的深邃韵味来自复杂的工序，茶汤橙黄明亮，花果香交融，喉韵悠长。

铁观音原产于安溪县西坪，关于其品种由来一直有两个说法。一是"魏说"：清雍正年间，西坪松林头茶农魏荫将观音托梦而得的茶树制作成铁观音。一是"王说"：南岩村的王士让将偶然发现的茶树采摘后制成茶，献给乾隆皇帝，皇帝赐名"铁观音"。

三月初二

cīt hûn dé, buè hûn jiù。

七分茶，八分酒。

释义：倒茶、斟酒有礼数，茶倒七分满，
酒倒八分满，倒得太满反而不方便饮用。

闽南人每逢农历三月初三有敬祖的旧俗，这天也叫做"三日节"。"三月三"的由来和民族英雄郑成功有着密切的关系。

　　传说当年郑成功据守厦门、金门屯兵抗清，他矢志不移，连听到一个"清"字都感到逆耳。当时有人把"喝茶"说为"喝清茶"，他听了很气恼，立即予以训斥纠正。清明节把"清"字压在"明"字上头，更使他恼火，因此他下令所在地百姓不要在清明节扫墓，而改在"三月三"敬祖。

　　另一种传说是，郑成功移兵驱逐荷兰殖民者，收复台湾，清军乘机入侵厦门、金门，毁城拆屋，烧杀淫掠，造成"嘉禾断人种"的惨剧。当地幸存的百姓直到三月初三才陆续回岛，却无法追溯死去亲人的忌日，因而在三月初三共同祭祀，长久以来成为风俗。

三月初二

bbô lŏ zuì ĕm zâi zuì cīm。

无落水唔知水深。

释义：没下水不知道水深。意为实践
出真知。

清明节，又称踏青节、三月节，是中华民族最隆重盛大的祭祖大节。在清明扫墓的时候，闽南地区有一些讲究和禁忌。新墓首次在清明祭扫的话，要选择清明之前的吉日去，第二年则在清明当天去扫墓，第三年在清明后的一个吉日去，至此之后清明扫墓就无需再特意去看吉日，只要在清明前后二十天内完成祭扫即可。家中娶媳妇或者添丁之后，也需要连续三年隆重扫墓祭拜，告知先祖家中喜讯，希望祖先能保佑媳妇早日添丁、子孙健康成长。

zǎb yīt ggē dâng bāk hōng, qîg miág hō tiân kōng。

十一月东北风，清明好天空。

释义：十一月刮东北风，来年清明时节天气晴好。

清明粿，也称艾草粿、鼠曲粿，因以鼠曲草为主料而得名，是闽南等地清明节的祭祀供品。清明粿的制作工序比较繁琐：首先要提前一个月采摘鼠曲草的嫩叶。鼠曲草嫩茎叶用开水烫，换水浸洗一周。食用当日切细，连同糯米一起捣成泥，再包入各种馅料，边缘掐拢，揉成圆形，然后用果叶包裹，放进蒸笼蒸熟，即可食用。清明粿根据馅料的不同，又分为黄豆馅、花生馅、黑豆馅、咸菜馅等等，可根据个人喜好制成甜口或咸口的。清明粿不但营养丰富，而且味道鲜美，食疗兼优。

三月初五

日积月累

nî dāo bbô dǒ kǐ bbô bbò,
年兜无回家无某，
cîg miág bbô dǒ kǐ bbô zoò。
清明无倒来无祖。

释义：除夕没回家团圆则夫妻感情不
佳，清明没回来扫墓则没有祖先庇佑。

"薄饼"又被称为春卷、润饼，是闽南、台湾等地的传统美食，口感柔软滑润，味美而不腻，风味独特。主要以春卷皮、包菜、胡萝卜、猪五花肉、加力鱼（鲷鱼）肉、虾仁、豌豆苗、豆干、青蒜、冬笋为食材。厦门民谚有云"清明吃薄饼"，意思是清明节人们都会早早上山祭祖，祭完祖回家后，一家人要聚在一起包薄饼吃。

传说薄饼起源于明代嘉靖年间，曾任潮州太守的同安人李春芳将其女儿嫁给了金门蔡厝人蔡复一（当时，金门属于同安县管辖）。后来，蔡复一官至总督云贵湖广军务兼贵州巡抚，公务繁忙，日理万机，经常废寝忘食。蔡夫人看在眼里，疼在心上，就将鱼、肉、虾、菜、笋、豆等用微火炖熟，再用面皮包卷，置于夫婿案头，让他边吃边办公，一举两得。

三月初六

zīt gē bǒ biāg pé zuè zîn hò, bō gō bbuě puǎ。

这家薄饼皮做得很好，薄又不破。

释义：这家店的春卷皮做得很好，薄而弹韧，不容易破。

"溜虎秋"是一种碰运气的闽南传统游戏。游戏时拿松针、狗尾巴草、小木棒等手边的材料充当"虎须"，几个人参加游戏就备几根，每根长短不一。选一个人当"虎头"，由虎头一把握住"虎须"，只冒出齐头的一小段，其余长短不一的部分握在手心里，随后其他人逐一来抽"虎须"，最后一根"虎须"留给"虎头"。抽完后，拿各自的"虎须"比长短，最长者为胜。这一游戏常常被孩子们用来快速分配任务。

三月初七

buǐ hoō ciū, wǔ dêng dè, buǐ sū ê, zuè gào bé。

溜虎秋，有长短，拔输的，做狗爬。

释义：抽虎须，看运气，抽到最短的，要学小
狗爬。

传统的闽南童玩往往采用生活中随手可得的材料来游戏。弹龙眼仔使用的就是龙眼核。这项游戏可以两人或四人同玩。先画一块边长50厘米的正方形作为战场，正方形相对的两条边即为"战壕"。参与者在自家"战壕"里将洗净晒干的龙眼核垒成金字塔状的小"碉堡"，约三四座，"碉堡"正前方一掌宽的地方再摆一颗龙眼核作为"士兵"。游戏开始，一方用自己的"士兵"弹击对方的"士兵"或"碉堡"，击中就可以把对方的龙眼核占为己有，每人轮一次，所有的"士兵"和"碉堡"都被击中的一方为负。"

三月初八

日积月累

ggîng ggīng zì, ěm dak zíg,

龙眼籽，不值钱，

kiò lâi cīt toó ěm bbiān zíg。

拾来游戏免本钱。

释义：龙眼核，不值钱，捡来游戏不要钱。

在过去没有电子游戏产品的年代，孩子们都喜欢捉小虫子来玩。特别是炎热的夏天，知了的叫声此起彼伏，孩子们就会忍不住去捉。最常见的捕知了的方式，就是用胶粘。需要准备一根长竹竿，在竹竿的顶端粘上黏胶（松脂或者胶榕树汁等），再将竹竿靠近知了，快速将它粘住。有的人则会在竹竿上用铁丝或篾条编成的球拍形的框，直接罩住树干上的知了。捉到知了后一般会放在玻璃瓶里逗着玩。

三月初九

âm boō zé, hāo lê lé, hāo bbē ziǎ cìn bbé。

俺蛹齐，吼嘞嘞，吼欲呷浸糜。

释义：知了哭啼啼，哭着要喝凉粥。

拔根是一种简单的小游戏，类似于拔河，所用的材料就是地上的落叶。游戏时，两个人各拿一片落叶，取其中的叶柄，将叶柄与对方的叶柄交叉，双手抓紧叶柄两端，然后使劲往各自的方向拉，叶柄被扯断的一方为输。为了让叶柄更加结实，游戏者往往会把叶柄放在鞋子里用脚踩。据说经过踩踏的叶柄更有韧性，不容易被扯断。有时两人用力拉扯，叶柄会突然断开，身体会失去平衡，摔得人仰马翻。

三月初十

buǐ gūn kuàg siáng sū。

拔根看俗输。

释义：拔根看谁输。

在福建省莆田市东南方约50公里的海面上，有一座湄洲岛，是海内外著名的海神妈祖的故乡。目前，全世界共有上万座从湄洲祖庙分灵的妈祖庙，分布在45个国家和地区，有3亿多人信奉妈祖。民间在出海前要先祭妈祖，祈求航程平安，并在船舶上立妈祖神位供奉。

泉州的天后宫是我国东南沿海现存最早、规模较大的一座妈祖庙，这里的香火非常旺盛。天后正殿虽历经沧桑，但其明清木构建筑至今依旧保存完好。大殿壮观，浮雕精美，屋檐上的雕刻装饰美轮美奂。

三月十一

siông zún giò mā zoò, câk zún ǎ giò mā zoò.

商船叫妈祖，贼船也叫妈祖。

释义：无论好人、坏人，在海上遇到船难时，
皆会同声呼唤妈祖救命。

厦门海沧青礁和龙海白礁有两座慈济宫，这两座宫也被称为慈济祖宫。每年农历三月都有许多台湾同胞过海来到这两座祖宫进香。慈济宫内奉祀的是保生大帝，老百姓称其为大道公。

　　大道公本名吴本，为北宋济世良医，医术高明、医德高尚，无论是做官的还是平民百姓，都尽心治疗，民间称其为吴真人，将他尊为"神医"。青礁村正是吴本修道、炼丹、行医的地方，慈济宫即为纪念这位医德高尚的神医而建。

三月十二

日积月累

dǎi dǒ gōng à bbē âo。

大道公押尾后。

释义：迎神游行时，大道公的塑像排在最后。一般来说，压轴戏是最精彩的，最令人注目的，大道公排在最后，说明他深受人们的崇拜。

在铁观音的故乡安溪，有一座清水岩寺。这座寺庙始建于北宋元丰六年（1083），庙宇依山而建，面临深堑，隐藏在山水云霄之中，如同蓬莱仙境。寺庙内供奉着一位清水祖师。清水祖师是一位北宋名僧，他一生造福百姓，为民造桥、施药，祈福避灾，多次受到朝廷敕封，身后被百姓奉为神明，千年来香火不断。如今，清水祖师的信众遍布海内外，清水岩的分炉也布及世界各地。每年有数以万计的台湾同胞和海外侨胞到清水岩祖殿进香拜谒、寻根览胜。

三月十三

láng ê sîm guāg, ggú ê bāk doò。

人的心肝，牛的腹肚。

释义：形容心肝大过牛肚，意喻为人
不可太过贪婪，应善良踏实。

漳州的三平寺，是闽南著名的千年古刹。寺内供奉开山始祖杨义中高僧，他被尊称为"三平祖师"，唐玄宗曾赐号"广济大师"。三平寺始建于公元866年，至今香火鼎盛，在闽南、港澳台地区以及东南亚地区久负盛名，香客络绎不绝，尤其是每年农历的正月初六、六月初六、十一月初六以及三平祖师的诞辰、出家、圆寂之日，更是人声鼎沸、香火缭绕。现存的寺院是在清末时重修的，整个寺依山而筑，有山门、大雄宝殿、祖殿、斋堂僧房、塔殿及钟、鼓二楼等建筑，结构严谨。近年又兴建了广济园、百果园、迎客园、仰圣山庄等配套设施。

三月十四

zuàg ciù līp, dò ciù cût。

正手入，倒手出。

释义：一手收入赚钱，另一手支出、花费掉。即赚多少，花多少，没有剩余，更谈不上储蓄。

龙山寺，位于晋江市安海镇镇北龙山之麓，故名龙山寺，是泉南著名的千年古刹，也是台湾四百多所龙山寺的祖庙。寺前有月池一泓，山门为石牌坊，上刻"天竺梵钟"四个大字。进了山门，只见寺的前墙上嵌着一块大石碑，刻着"龙山宝地"四字。两侧为钟鼓楼，正门廊前门额悬挂"一片慈云"木匾。门内有拜庭、拜坛，坛上有亭。大雄宝殿气势宏伟，木刻、石雕、瓷塑、彩绘遍饰，精美璀璨。其中一对石龙柱，飞逸盘腾，龙爪各抓一鼓一磬，敲击会发出鼓磬之声，巧妙神奇。

三月十五

giû bîng ān, bbô giû tiâm hōk siû。

求平安，无求添福寿。

释义：平安就是福，有了平安就有"福寿"。

　　闽南的王爷信俗来源于民间对瘟神的敬畏。每当瘟疫流行，为了消灾抗疫，祈求平安，人们就会建王醮，送王船，毕恭毕敬将王爷送上王船，再隆重地将承载王爷的王船放入海中，让王爷压着瘟疫远离家乡。王爷被统称为"代天巡狩"，都是历史传说中的忠臣义士。

三月十六

wǔ liông zā wǔ hôk。

有量才有福。

释义：指做人要有度量，凡事不要
太计较，才能为自己增添福气。

送王船是闽台古老的传统民俗活动，该习俗三年举行一次，一般在固定的农历月份举行，具体日期则通过掷筊确定。劳动人民通过祭海神、悼海上遇难的英灵，祈求海上靖安和渔发利市，寄托祛邪、避灾、祈福的美好愿望。

送王船的主要流程是：王船制造、出仓、祭奠、巡境、焚烧。用杉木制作王船，将"代天巡狩"的王爷请上船，船上装载着米油盐等各种生活用品，在巡境之后，待海水退潮时，将王船焚烧，活动达到高潮。信众在送王船过程中要准备猪头、猪肚、鸡、鸭、鱼等祭品进行祭拜。当火将王船上最中间、最粗的那根船桅烧倒，送王船的活动才落下帷幕。

三月十七

zún gě zuì bbô hún

船过水无痕

释义：船划过后水面上没有
留下痕迹。比喻时过境迁。

　　谷雨，是春季最后一个节气。谷雨节气的到来，意味着寒潮天气基本结束，气温回升加快，是万物生长的大好时机。关于谷雨，闽南民间流传着一句俗语"清明谷雨，大细鸡仔做老母"，意思是清明谷雨万物的生长期，新长成的小母鸡也开始下蛋了。

　　古时有"走谷雨"的风俗，这天青年妇女要出门走亲戚，或到野外走一走，意在接触大自然，强身健体。

谷雨（于每年公历四月十九 — 二十日交节）

 qîng miá gōk wù, guâg sī hoō bbù。
清明谷雨，寒死虎母。

释义：清明谷雨，天气湿冷，能冻死母老虎。

走在厦门的街头巷尾，随处可以见到三角梅的倩影。三角梅是厦门的市花，其花枝带刺，善于攀援，花开热烈奔放，具有柔中带刚的特点，一如闽南人的性格特色。三角梅适于在温暖湿润的环境下生长，花期较长，可由每年的10月前后陆续绽放到翌年6月。在温暖潮湿的厦门，一年四季都能看到。三角梅的色彩纷繁，除了最常见的玫红色，还有橙色、白色、粉色、绿色，甚至有渐变色的品种。它除了作为观赏植物之外，其叶片和根部还可以入药，有清热解毒的功效。

三月十九

ě méng ê cǐ huē sǐ sâg gōk muí。

厦门的市花是三角梅。

在炎热的夏季，厦门的街头总会浮现朵朵"红云"，那是盛开的凤凰花给路人搭的凉棚。凤凰木是厦门的市树，这是一种高大的落叶乔木，一般树高可达十几米。它是优美的庭园树、行道树。夏日红花簇簇覆盖宽广的树冠，象征着厦门特区的发展腾飞。到了夏末秋初，树上会挂满长条形的棕黑色荚果，掉落的荚果时常成为孩童手中的玩具。厦门诸多校园里都有高大的凤凰木，每年夏季，火红的凤凰花迎来送往，成为无数厦门学子的青春记忆。

三月二十

日积月累

luǎ tîg sí, ě méng ê hǒng hông huē kuî gā zîn yâm。

热天时，厦门的凤凰花开得真艳。

释义：夏天，厦门的凤凰花开得很艳丽。

厦门又被称为"鹭岛",相传这里远古时期就是白鹭的栖息地。白鹭属鸟纲鹭科,为世界珍稀鸟类。厦门分布有小白鹭、中白鹭、大白鹭、中国鹭和岩鹭,其中小白鹭和中白鹭较为常见。厦门岛以"鹭"为名,有诸多与白鹭有关的地名和机构名称:在厦门岛与鼓浪屿之间的海叫"鹭江",海滨的主干道叫"鹭江道";市中心的公园为白鹭洲,园内有一座白鹭女神雕像;厦门航空的标志是一只张开双翼的白鹭;厦门还有一个剧团,名字就叫"小白鹭"……厦门市民对白鹭呵护有加,人与白鹭共享自然。

三月廿一

ě méng sǐ bě loô ê goò hiōng。

厦门是白鹭的故乡。

泉州这座千年古城自古就与刺桐有着无法割裂的渊源。相传五代泉州节度使留从效为了扩建泉州城郭，环城遍植刺桐，泉州因此得名刺桐城。历代文人墨客来到刺桐城，总被满城火红的刺桐花所震撼，留下了许多脍炙人口的绝美诗篇。"初见枝头万绿浓，忽惊火伞欲烧空。"泉州是宋元时期公认的"东方第一大港"，意大利旅行家马可·波罗在其著名的《马可·波罗游记》中，就将"泉州港"称为"刺桐港"。

三月廿二

ciû siò ciǔ pé, láng siò bbǐn pé。

树惜树皮，人惜面皮。

释义：树要树皮，人要脸皮。意为不
要做丢脸的事情。

香樟树是漳州十分常见的行道树，是漳州的市树之一。香樟树形雄伟壮观，四季常青，浓荫覆地，枝叶秀丽而有香气，是城市道路和庭院绿化的优良树种。香樟树性喜温暖湿润的气候，在漳州种植历史悠久。漳州拥有上百棵树龄上百年的老樟树。其中长泰的一棵古樟树树龄逾2000年，成为当地人心中的守护神。

三月廿三

ciû lâo gūn zuê, láng lâo wê zuê。

树老根多，人老话多。

云霄除了盛产杨桃，还是"中国枇杷之乡"。当地的枇杷以风味浓、香气足、果肉细嫩、甜酸适度而著称。云霄枇杷栽培历史悠久，自唐代就有史料记载，它被视为果中珍品，成为朝廷时贡。枇杷浑身都是宝，除了鲜果可以直接食用，其花、叶均可入药。枇杷叶具清肺和胃、降气化痰的功效。

民国时期云霄是漳州南部五县的经济、文化中心，航运尤其发达，云霄枇杷也随之远销我国沿海各地，广受欢迎。2011年，"云霄枇杷"商标被国家工商总局评为中国驰名商标。

三月廿四

hō kuǎg bbô hō ziā。

好看不好吃。

释义：比喻事物中看不中用。

天宝香蕉是漳州芗城区天宝镇的特产。漳州天宝土壤肥沃，土层深厚，又处于九龙江中下游的冲积平原，渠塘密布、水源充足。其西北面有五凤山、天宝山、金沙岭形成天然屏障，阻挡冬季南侵的寒流；夏季又受到海洋性湿润气候的影响，由此形成冬无严寒、夏无酷暑的气候环境。这些得天独厚的自然条件使得天宝香蕉具有挂果期长、营养丰富、风味特佳的品质。天宝香蕉皮薄，肉质软滑细腻，果肉无心，浓甜爽口、香气浓郁，因而驰名中外。

三月廿五

ziǎ tâo loô bbô yîng zî é,
食头路没闲一个，
zuè sîng lì bbô yîng zît gē。
做生意没闲一家。

释义：一个人出去工作，辛苦一个人；
做生意则全家都跟着忙碌。

青津果，也称"青果豉"，是闽南的一种特色小吃、茶配。青果豉是以橄榄为原料，配以甘草、糖水制成，甜酸适度，咸淡可口，芳香四溢，具有清凉生津的作用。因为橄榄成熟的时候是青色的，称为青果，而加工过程与闽南农村常制的豆豉差不多，"青果豉"便因此而得名。

〔历史文化〕

20世纪30年代，厦门药店以青果配上名贵中药制成橄榄碱作为成药出售，因药味浓厚，常人厌食，非病不买。几年后，一家有名的蜜饯铺把这种橄榄碱改制成既是食品又是药品的甘草蜜饯，食后津香弥喉，消积解涨，醒酒去腻，止晕止吐，可以养脾胃、增食欲，广受欢迎，成为经久不衰的零食小点。

三月廿六

ě dīn dâng diǒ ěm giâg bbī gēng kāng。

会动啰就呣惊米缸空。

释义：手脚能动，就不怕米缸亏空。

闽南盛产各种瓜果，若无法及时吃完，大家就会想办法将其腌制成可以久存的蜜饯。闽南蜜饯种类丰富，品质极佳，取材于杨梅、橄榄、山楂、青果等，是闽南地区传统的佐茶休闲食品。蜜饯的旧称有"蜜料""珠李仔""咸酸甜"等。糖桔饼属于干态蜜饯，其糖分与甜度较高，搭配茶饮用可缓解甜腻。

三月廿七

giám dīg jiàg bbô bbî。

咸甜淡无味。

释义：在烹饪食物时，适当放点盐，更能体现出食物的甜味，太淡则没味道。

贡糖是闽南民间传统名点，即一种花生酥。贡糖的口感香酥甜美，食后满口留香，回味无穷。闽南话"敲击"的发音为"贡"，贡糖，顾名思义是敲打制成的。由于"贡"还有进贡的意思，后来又衍生出了很多传说，比如进贡给皇帝。贡糖虽是花生酥糖的一种，但又有别于传统的花生酥，带有脆皮和酥馅。闽南较为出名的贡糖有白水贡糖和金门贡糖。

三月廿八

dō lū bbuá lū lâi, gún lū liân lū zīng。

刀愈磨愈利，拳愈练愈精。

释义：学本事要多练习，多研究，才能精益
求精。

麻糍是闽南著名小吃，其原料为糯米、猪油、芝麻、花生仁、冰糖等。糯米经过浸泡蒸熟，倒入石臼里用木槌反复舂捣，然后捏成团，制成皮。再用芝麻粉、白砂糖粉按一定比例掺和炒熟，用麻糍皮包裹好，最后在外面滚上一层花生和芝麻磨细的粉，就做好了。麻糍有着香甜软滑的口感。漳州麻糍馅料里还要加上炸扁食皮，因此吃起来更加香脆，回味无穷。

三月廿九

ziǎ muâg zí diǒ sîng lîm zuì。
吃麻糍要先喝水。

释义：麻糍甜糯，要先喝口水
再品尝，以免噎到。

马蹄酥是闽南传统佳点，在厦门和泉州最为常见，其中以厦门同安的马蹄酥最为著名。马蹄酥的原料是面粉、白糖、麦芽和猪油，制作过程分酥皮、拌馅等工序，成形后要贴在竖炉壁上烘烤。这种饼酥脆馅甜，开水冲泡后会膨胀，所以也叫"泡饼"。刚出锅的马蹄酥，外皮酥酥甜甜，内里松软可口，无论搭配花生汤还是面线糊，味道都是绝佳的。

三月三十

bbè sì kā mã ě sīk dué。

马四骸也会失蹄。

释义：马纵有四蹄，也会不慎摔倒。

四月

闽南童谣，是用闽南方言创作的儿童歌谣。它是闽南百姓在长期的生产生活中创作的，是集体智慧的结晶。闽南童谣内容丰富，充满童趣，又能在潜移默化中让儿童增长知识。其中，一些童谣是孩童在做游戏时念唱的，朗朗上口而富有节奏感；还有一些童谣集中了部分近音词，能够训练儿童说话的能力，使人咬字更加清晰；还有的是母亲育儿时安抚婴儿的歌谣，让孩子一听就能感受到母亲的温暖。除此之外，还一些闽南童谣传唱着闽南人过台湾、下南洋的历史，记载了先民艰辛的奋斗历程。2019年，闽南童谣被列入国家级非物质文化遗产。

四月初一

tīg oô oō , bbē lǒ hoô。
天黑黑，欲落雨。

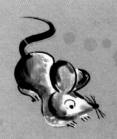

一鼠贼仔名，二牛驶犁兄。

三虎爬山坪，四兔游东京。

五龙皇帝命，六蛇子人惊。

七马走兵营，八羊食草岭。

九猴爬树头，十鸡啼三声。

十一狗仔顾门埕，十二猪是菜刀命。

〔释义〕

生肖排名有讲究。老鼠使诈排第一，又喜偷东西，水牛犁田排第二。山中老虎排第三，四兔望月张眼睛。第五蛟龙皇帝命，弓蛇匍匐爬山岭。马儿奔跑速度快，第八羊儿跟人走。调皮猴儿到处撞，公鸡打鸣啼三声。十一狗儿抱金碗，十二猪儿最好命。

四月初二

日积月累

hoô sín dì ggîng ggīng guâg kâk
胡蝇戴龙眼壳
——kàm tâo kàm bbîn
——勘头勘面

释义：苍蝇戴上龙眼壳——头和脸部
都盖住了。比喻愣头愣脑，不懂事
理；也用来指尺寸过大，不合适。

树顶一只猴，

树脚一只狗。

猴跋落来，损着狗。

猴亦走，狗亦走。

怀知猴惊狗，

抑是狗惊猴。

[释义]

　　树上一只猴，树下一条狗。猴跳下来甩到狗，猴也跑，狗也跑，不知是猴怕狗，还是狗怕猴。

四月初二

hǎi lîng óng sî zuì——huān siǒng

海龙王辞水——反相

释义：古话说，海不辞水故触成其
大，山不辞土，故触成其山。海龙王
若离开水，就是反常情况。

月娘月光光，

外妈疼外孙。

阮若无来伊心闷，

看见阮来笑文文；

有物互阮赶紧食，

有饭互阮赶紧吞；

抱阮唔阮困，

"阿婴阿狗"叫啊无歇困。

〔释义〕

　　月亮月光光，外婆疼外孙。好久不来心烦闷，看见我来乐开怀。

　　好吃的东西都给我，搂着哄我入梦乡，"阿婴阿狗"叫得没停歇。

四月初四

hê siûg liǎm gīng——wǔ cuǐ bbô sīm

和尚念经——有喙无心

释义：和尚念经——有口无心。

指读书做事不专心，事倍功半。

秀才秀才，骑马弄弄来，

仁马顶，跋落来，

跋一下，真厉害。

喙齿疼，糊下颏。

目珠疼，糊目眉。

腹肚疼，糊肚脐。

嘿，真厉害!

〔释义〕

　　秀才骑马走过来，不慎马上摔下来，摔得很厉害。牙齿疼，拿药抹下巴；眼睛疼，拿药抹眉毛，肚子疼，拿药涂肚脐。嘿，真是厉害!

四月初五

kâng ǎ à sàng láng——bbô lē soǒ

空盒仔送人——无礼素

释义：空盒子送人——不讲礼数。

一二三，穿新衫。

四五六，册爱读。

七八九，怀通吼。

佫有十，开甲合。

〔释义〕

一二三，穿新衣；四五六，爱读书；七八九，不要哭；还有十，开与合。

四月初六

zît cuǐ guà siâng zī——cuì ziâm zǐ lâi

一嘴挂双舌——嘴尖舌利

释义：一张嘴藏着两根舌头——巧言善辩。

天黑黑，欲落雨，阿公仔夯锄头，要掘芋。掘着一尾旋鰡鼓。阿公仔欲煮咸，阿嬷欲煮淡，两个相打弄破鼎。

[释义]
　　天黑黑，要下雨。爷爷扛着锄头挖芋头，挖到了一只大泥鳅。爷爷想煮咸一点，奶奶想煮淡一点。两人打架摔破锅，这下全没了。

四月初七

woô bě diǎn sî——boô cài

乌白电视机——无彩

释义：黑白电视机——无色彩（白瞎了）。

立夏是夏天的开始。这时温度明显升高，雷雨增多，农作物进入生长旺季。

闽南话里面"虾"与"夏"同音，所以在这一天，闽南人有吃虾面的习俗，以此迎接夏天的到来。

立夏之后天气渐渐炎热，许多人会感觉身体疲劳、食欲减退，俗称疰夏。古人认为吃鸡蛋可以强健身体，避免疰夏，因此，立夏又有吃蛋、斗蛋、挂蛋等习俗。人们以此来祈祷夏日平安健康。

立夏（于每年公历五月五 — 六日交节）

lîp hâ ziā lêng, kuì lōk duǎ jît bbân。
立夏吃蛋，力气大一万。

漆线雕是闽南地区历史悠久、独具特色的传统民间手工艺，有1400多年的历史。自唐代彩塑兴盛以来，漆线雕便被应用于佛像装饰。佛雕艺人用熟桐油、大漆、砖粉等原料，经反复捶捻，制成富有韧性的漆线土，再用手搓成细如发丝的漆线，采用盘、结、绕、堆等工艺，在坯体上做出各种图案，就成了漆线雕。漆线雕做工精细雅致，画面栩栩如生，是中国漆艺文化宝库中的艺术瑰宝。

皆喜闽南
2022
JIEXI MINNAN

1 月

Su	Mo	Tu	We	Th	Fr	Sa
						1 元旦
2 三十	3 腊月	4 初二	5 小寒	6 初四	7 初五	8 初六
9 初七	10 腊八节	11 初九	12 初十	13 十一	14 十二	15 十三
16 十四	17 十五	18 尾牙	19 十七	20 大寒	21 十九	22 二十
23 廿一	24 廿二	25 小年	26 廿四	27 廿五	28 廿六	29 廿七
30 廿八	31 除夕					

2 月

Su	Mo	Tu	We	Th	Fr	Sa
		1 春节	2 初二	3 初三	4 立春	5 初五
6 初六	7 初七	8 初八	9 初九	10 初十	11 十一	12 十二
13 十三	14 十四	15 元宵节	16 十六	17 十七	18 十八	19 雨水
20 二十	21 廿一	22 廿二	23 廿三	24 廿四	25 廿五	26 廿六
27 廿七	28 廿八					

3 月

Su	Mo	Tu	We	Th	Fr	Sa
		1 廿九	2 三十	3 二月	4 头牙	5 惊蛰
6 初四	7 初五	8 妇女节	9 初七	10 初八	11 初九	12 植树节
13 十一	14 十二	15 十三	16 十四	17 十五	18 十六	19 十七
20 春分	21 十九	22 二十	23 廿一	24 廿二	25 廿三	26 廿四
27 廿五	28 廿六	29 廿七	30 廿八	31 廿九		

4 月

Su	Mo	Tu	We	Th	Fr	Sa
					1 三月	2 初二
3 初三	4 三日节	5 清明节	6 初六	7 初七	8 初八	9 初九
10 初十	11 十一	12 十二	13 十三	14 十四	15 十五	16 十六
17 十七	18 十八	19 十九	20 谷雨	21 廿一	22 廿二	23 廿三
24 廿四	25 廿五	26 廿六	27 廿七	28 廿八	29 廿九	30 三十

5 月

Su	Mo	Tu	We	Th	Fr	Sa
1 劳动节	2 初二	3 初三	4 青年节	5 立夏	6 初六	7 初七
8 初八	9 初九	10 初十	11 十一	12 十二	13 十三	14 十四
15 十五	16 十六	17 十七	18 十八	19 十九	20 二十	21 小满
22 廿二	23 廿三	24 廿四	25 廿五	26 廿六	27 廿七	28 廿八
29 廿九	30 五月	31 初二				

6 月

Su	Mo	Tu	We	Th	Fr	Sa
			1 儿童节	2 初四	3 端午节	4 初六
5 初七	6 芒种	7 初九	8 初十	9 十一	10 十二	11 十三
12 十四	13 十五	14 十六	15 十七	16 十八	17 十九	18 二十
19 廿一	20 廿二	21 夏至	22 廿四	23 廿五	24 廿六	25 廿七
26 廿八	27 廿九	28 三十	29 六月	30 初二		

7 月

Su	Mo	Tu	We	Th	Fr	Sa
					1 建党节	2 初四
3 初五	4 初六	5 初七	6 初八	7 小暑	8 初十	9 十一
10 十二	11 十三	12 十四	13 十五	14 十六	15 十七	16 十八
17 十九	18 二十	19 廿一	20 廿二	21 廿三	22 廿四	23 大暑
24 廿六	25 廿七	26 廿八	27 廿九	28 三十	29 七月	30 初二
31 初三						

8 月

Su	Mo	Tu	We	Th	Fr	Sa
	1 建军节	2 初五	3 初六	4 七夕节	5 初八	6 初九
7 立秋	8 十一	9 十二	10 十三	11 十四	12 七月半	13 十六
14 十七	15 十八	16 十九	17 二十	18 廿一	19 廿二	20 廿三
21 廿四	22 廿五	23 处暑	24 廿七	25 廿八	26 廿九	27 八月
28 初二	29 初三	30 初四	31 初五			

9 月

Su	Mo	Tu	We	Th	Fr	Sa
				1 初六	2 初七	3 初八
4 初九	5 初十	6 十一	7 白露	8 十三	9 十四	10 中秋节
11 十六	12 十七	13 十八	14 十九	15 二十	16 廿一	17 廿二
18 廿三	19 廿四	20 廿五	21 廿六	22 廿七	23 秋分	24 廿九
25 三十	26 九月	27 初二	28 初三	29 初四	30 初五	

10 月

Su	Mo	Tu	We	Th	Fr	Sa
						1 国庆节
2 初七	3 初八	4 重阳节	5 初十	6 十一	7 十二	8 寒露
9 十四	10 十五	11 十六	12 十七	13 十八	14 十九	15 二十
16 廿一	17 廿二	18 廿三	19 廿四	20 廿五	21 廿六	22 廿七
23 霜降	24 廿九	25 十月	26 初二	27 初三	28 初四	29 初五
30 初六	31 初七					

11 月

Su	Mo	Tu	We	Th	Fr	Sa
		1 初八	2 初九	3 初十	4 十一	5 十二
6 十三	7 立冬	8 十五	9 十六	10 十七	11 十八	12 十九
13 二十	14 廿一	15 廿二	16 廿三	17 廿四	18 廿五	19 廿六
20 廿七	21 廿八	22 小雪	23 三十	24 冬月	25 初二	26 初三
27 初四	28 初五	29 初六	30 初七			

12 月

Su	Mo	Tu	We	Th	Fr	Sa
				1 初八	2 初九	3 初十
4 十一	5 十二	6 十三	7 大雪	8 十五	9 十六	10 十七
11 十八	12 十九	13 二十	14 廿一	15 廿二	16 廿三	17 廿四
18 廿五	19 廿六	20 廿七	21 廿八	22 冬至	23 腊月	24 初二
25 初三	26 初四	27 初五	28 初六	29 初七	30 腊八节	31 初九

皆喜闽南
— 2023 —
JIEXI MINNAN

1 月

Su	Mo	Tu	We	Th	Fr	Sa
1 元旦	2 十一	3 十二	4 十三	5 小寒	6 十五	7 尾牙
8 十七	9 十八	10 十九	11 二十	12 廿一	13 廿二	14 廿三
15 小年	16 廿五	17 廿六	18 廿七	19 廿八	20 除夕	21 除夕
22 春节	23 初二	24 初三	25 初四	26 初五	27 初六	28 初七
29 初八	30 初九	31 初十				

2 月

Su	Mo	Tu	We	Th	Fr	Sa
		1 十一	2 十二	3 十三	4 立春	
5 元宵节	6 十六	7 十七	8 十八	9 十九	10 二十	11 廿一
12 廿二	13 廿三	14 头牙	15 初三	16 初四	17 初五	18 初六
19 雨水	20 二月	21 头牙	22 初三	23 初四	24 初五	25 初六
26 初七	27 初八	28 初九				

3 月

Su	Mo	Tu	We	Th	Fr	Sa
			1 初十	2 十一	3 十二	4 十三
5 十四	6 惊蛰	7 十六	8 妇女节	9 十八	10 十九	11 二十
12 廿一	13 植树节	14 廿三	15 春分	16 闰二月	17 初二	18 初三
19 初四	20 廿九	21 春分	22 闰二月	23 初二	24 初三	25 初四
26 初五	27 初六	28 初七	29 初八	30 初九	31 初十	

4 月

Su	Mo	Tu	We	Th	Fr	Sa
						1 十一
2 十二	3 十三	4 三日节	5 清明节	6 十六	7 十七	8 十八
9 十九	10 二十	11 廿一	12 廿二	13 廿三	14 廿四	15 廿五
16 廿六	17 廿七	18 廿八	19 廿九	20 谷雨	21 初二	22 初三
23 初四	24 初五	25 初六	26 初七	27 初八	28 初九	29 初十
30 十一						

5 月

Su	Mo	Tu	We	Th	Fr	Sa
	1 劳动节	2 十三	3 十四	4 青年节	5 十六	6 立夏
7 十八	8 十九	9 二十	10 廿一	11 廿二	12 廿三	13 廿四
14 廿五	15 廿六	16 廿七	17 廿八	18 廿九	19 四月	20 初二
21 小满	22 初四	23 初五	24 初六	25 初七	26 初八	27 初九
28 初十	29 十一	30 十二	31 十三			

6 月

Su	Mo	Tu	We	Th	Fr	Sa
				1 儿童节	2 十五	3 十六
4 十七	5 十八	6 芒种	7 二十	8 廿一	9 廿二	10 廿三
11 廿四	12 廿五	13 廿六	14 廿七	15 廿八	16 廿九	17 三十
18 五月	19 初二	20 初三	21 夏至	22 端午节	23 初六	24 初七
25 初八	26 初九	27 初十	28 十一	29 十二	30 十三	

7 月

Su	Mo	Tu	We	Th	Fr	Sa
						1 建党节
2 十五	3 十六	4 十七	5 十八	6 十九	7 小暑	8 廿一
9 廿二	10 廿三	11 廿四	12 廿五	13 廿六	14 廿七	15 廿八
16 廿九	17 三十	18 六月	19 初二	20 初三	21 初四	22 初五
23 大暑	24 初七	25 初八	26 初九	27 初十	28 十一	29 十二
30 十三	31 十四					

8 月

Su	Mo	Tu	We	Th	Fr	Sa
		1 建军节	2 十六	3 十七	4 十八	5 十九
6 二十	7 廿一	8 立秋	9 廿三	10 廿四	11 廿五	12 廿六
13 廿七	14 廿八	15 廿九	16 七月	17 初二	18 初三	19 初四
20 初五	21 初六	22 七夕节	23 处暑	24 初九	25 初十	26 十一
27 十二	28 十三	29 十四	30 七月半	31 十六		

9 月

Su	Mo	Tu	We	Th	Fr	Sa
					1 十七	2 十八
3 十九	4 二十	5 廿一	6 廿二	7 廿三	8 白露	9 廿五
10 教师节	11 廿七	12 廿八	13 廿九	14 三十	15 八月	16 初二
17 初三	18 初四	19 初五	20 初六	21 初七	22 初八	23 初九
24 初十	25 十一	26 十二	27 十三	28 十四	29 中秋节	30 十六

10 月

Su	Mo	Tu	We	Th	Fr	Sa
1 国庆节	2 十八	3 十九	4 二十	5 廿一	6 廿二	7 廿三
8 寒露	9 廿五	10 廿六	11 廿七	12 廿八	13 廿九	14 三十
15 九月	16 初二	17 初三	18 初四	19 初五	20 初六	21 初七
22 初八	23 重阳节	24 霜降	25 十一	26 十二	27 十三	28 十四
29 十五	30 十六	31 十七				

11 月

Su	Mo	Tu	We	Th	Fr	Sa
			1 十八	2 十九	3 二十	4 廿一
5 廿二	6 廿三	7 廿四	8 立冬	9 廿六	10 廿七	11 廿八
12 廿九	13 十月	14 初二	15 初三	16 初四	17 初五	18 初六
19 初七	20 初八	21 初九	22 小雪	23 十一	24 十二	25 十三
26 十四	27 十五	28 十六	29 十七	30 十八		

12 月

Su	Mo	Tu	We	Th	Fr	Sa
					1 十九	2 二十
3 廿一	4 廿二	5 廿三	6 廿四	7 大雪	8 廿六	9 廿七
10 廿八	11 廿九	12 三十	13 冬月	14 初二	15 初三	16 初四
17 初五	18 初六	19 初七	20 初八	21 初九	22 冬至	23 十一
24 十二	25 十三	26 十四	27 十五	28 十六	29 十七	30 十八
31 十九						

四月初九

sâng lâng sāng

三人三

释义：指当事人双方和证人在场共
同见证，过后不得反悔或翻案。

苏杭刺绣绣丝绸，闽南刺绣绣石头。影雕是根据黑白明暗成像原理，采用特制的合金钢针，在经磨光的优质花岗岩上创作的雕刻艺术。艺术家要依靠腕力调节针点，形成疏密、深浅不同层次的纹理，从而打造出逼真得犹如摄影的画面，故称为影雕。影雕作品主要用于展现人物肖像、艺术装饰、建筑标识。如今，彩色的影雕作品也越来越多，传统技艺与现代元素相融合，让技艺焕发新的生机。

四月初十

tāt dō guē

踢倒街

释义：指某物货源充
沛，街头随处可见。

在闽南，老人家常说"屋顶有戏"。这屋顶的艺术，也就是剪瓷雕。剪瓷雕是一种装饰于宫庙、府堂亭阁屋顶的彩瓷器。民间手艺人会选取各种颜色鲜艳的彩瓷器，按需要剪成形状大小不等的细小瓷片，再用它来贴雕人物、动物、山水等，甚至可以贴出二龙戏珠、丹凤朝阳等戏剧作品，用来装饰寺庙宫观等建筑物的屋脊、翘角、门楼、壁画。其色彩鲜艳、造型生动、立体感强，且久不褪色，是屋顶上的独特风景。

四月十一

日积月累

hoǒ dǎm zuī dî

雨湿水滴

释义：形容雨连绵不断，到处湿漉漉的。

布雕，也就是在布上雕刻。它是用雕刻艺术手法在布帛上创作书画作品。这一艺术形式融合了布贴画、烫画和布堆画等特色工艺，是泉州的一项非物质文化遗产。泉州布雕画是以烙铁为工具，通过控制温度在绢帛上进行雕刻，从而使布面呈现出浅浮雕的效果。布雕的表现形式比纸画更丰富，画面婉约而细腻，具有很强的表现力。

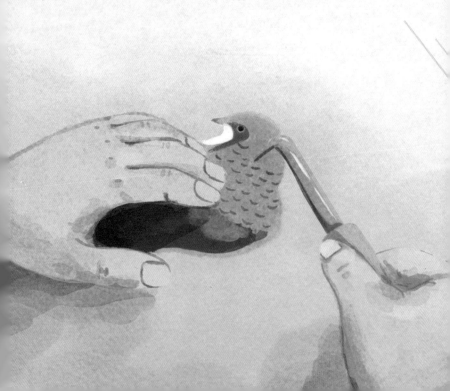

四月十二

yōu táo koō bbín

忧头苦面

释义：形容因有烦恼而满面愁容。

漳州有"三宝"——水仙、印泥、片仔癀。其中的印泥，就是指漳州八宝印泥。

漳州八宝印泥创始于清康熙年间。传说一药材行的老板用珍珠、玛瑙、麝香、琥珀等八样珍稀药材研制成一种八宝药膏，但由于成本昂贵，问津者少。一次偶然中，老板将八宝药膏作为印泥钤盖在自己的书画上，发现光彩艳丽。他又继续改进，将八宝药膏转产为八宝印泥，一时生意兴隆，广为传播。如今，漳州生产的八宝印泥闻名于天下，是中国书画家酷爱的文房用品。

四月十三

gū nǐ bbǎn dài

久年万代

释义：形容时间长久而古老。

厦门人做菜爱用"酱油水",这与厦门历史悠久的酱油酿造技艺息息相关。从19世纪起,厦门就是优质酱油的重要产地,拥有独特的传统酿造工艺。

酱油师傅们需要将豆料洗净、泡软、高温煮熟,然后添加酱曲,等待豆子发酵。白天,工人们依次打开酱缸,让豆酱在阳光下迅速发酵;晚上,热气渐渐散去,酱味开始酝酿。古法酿造酱油需要漫长的时间发酵,但其营养丰富,口感也更加香醇,是工业酱油无法比拟的。

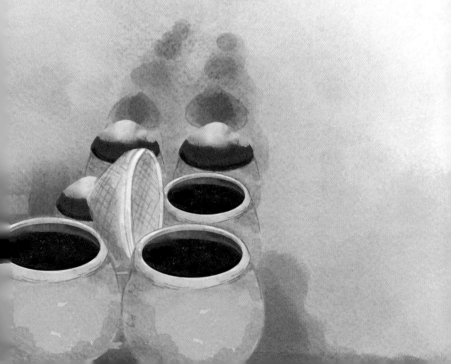

四月十四

zái būk loǒ ggàn

财不露眼

释义：不要随便显露自己
的钱财，以免招来不测。

石花膏是闽南一带有名的特色小吃，主要原料是一种海草，叫石花菜。石花菜是生长在礁石上的一种可食用海藻，形状颇似珊瑚。洗净后经过熬制，用纱布过滤，而后冷却，会自然凝固成果冻状，这就是石花膏。石花膏具有降火、解暑、祛热的功效，夏季在闽南的大街小巷都可以吃到。将石花切成小块，再舀一勺蜂蜜，加一些凉开水，吃起来清凉爽口。

四月十五

bbōk ziū huê huē, ziûg zú kuàg zuè guē。

目珠花花，蟳蜍看做水鸡。

释义：老眼昏花，把蟾蜍看成田鸡。

花生汤是闽南地区著名的甜品，在婚宴、弥月等喜庆宴席上都有这道甜品。花生仁粒粒饱满，蕴含着甜蜜圆满的美好祝愿。闽南的花生汤做法颇具匠心：要选择颗粒饱满的花生仁，用开水烫去红衣，加冰糖小火慢炖，直到花生仁外形完整，一戳却烂如泥浆为止。花生汤清甜爽口，花生仁酥烂不碎，入口即化，汤色乳白，甘甜爽口，滋补润肺。

四月十六

ziǎ dǎo hû, kuî bbà siǎo。

食豆腐，开肉账。

释义：吃的是豆腐，却开肉的发
票。指虚报账目，从中牟取私利。

来到厦门观光的游客，最常携带的手信就是厦门馅饼了。厦门馅饼酥香可口，深得国内外游客的喜爱，更是本地人品茶休闲的最佳伴侣。

厦门馅饼采用优质面粉和猪油制成，有甜口和咸口之分。甜饼一般以绿豆沙为馅，咸饼是以肉丁为馅。厦门馅饼好在料精工细，饼皮选用优质面粉制成，加入猪油，精工糅合，烘制时注重火候，做到内熟外赤不走油。焙烤后饼香清甜，酥而不破，食而不腻。如今厦门馅饼又新创了芋泥、南瓜等诸多口味，深受食客喜爱。

四月十七

wā bbē kī bbuē ǎ biàg lâi pè dé。

我要去买馅饼来配茶。

释义：馅饼是闽南人常吃的佐茶点心。

一碗热腾腾的面线糊就着油条，是最地道的闽南早餐之一。面线糊源自泉州。相传乾隆皇帝下江南，来到一个穷秀才家。秀才没有山珍海味招待皇帝，就用家中剩下的猪骨和鱼刺熬汤，撒上碎面线和一把地瓜粉，做出了一碗面线糊。乾隆吃了觉得异常鲜美，誉为"龙须珍珠粥"。如今面线糊的食材要丰富得多，还可以加入烫熟的虾仁、海蛎、猪肝、瘦肉等自选配料，味道鲜美，清甜爽滑，具有闽南地方风味。

四月十八

mǐ suàg goó pè yoû ziǎ gè。

面线糊配油炸粿。

释义：面线糊配油条。

醋肉是盛行于闽台地区以及东南亚的一种油炸小吃。它是一种用醋腌制的猪瘦肉，经过油炸以后外表金黄，吃起来外酥里嫩，带着淡淡的醋香。这款小食既可以当作零食解馋，也是酒店宴席上的前菜，在街边的小店或是在普通市民家中都十分常见。

四月十九

ziǎ suān à toò loǒ giô。

食蒜仔吐露葱。

释义：吃进去的大蒜吐出来
变成葱。比喻捞便宜时快
活，要退赔时就不好受了。

在闽南的街头巷尾，时常可以见到泉州牛肉小吃店，往往从店门前经过，就能闻到扑鼻的牛肉汤的清香。牛肉羹是泉州有名的传统小吃。它采用上好的牛肉为食材。将牛肉剁成肉碎或切薄片，拌上地瓜粉，加入调料腌制片刻，再放入锅中氽熟。倒入牛骨高汤，出锅之前勾芡，撒上葱姜蒜末。其肉质滑溜顺口，汤稠味浓，牛肉羹呈淡红色。牛肉羹有补中益气、滋养脾胃、强健筋骨的功效。

四月二十

zuǎn ziū ggû bbà gīg zîn cūk miá。

泉州牛肉羹真出名。

释义：泉州牛肉羹很有名。

韭菜盒是闽南常见的风味小吃。闽南的韭菜盒外形如同圆球，还带着裙边。其表皮金黄酥脆、层次分明，酥皮上呈现出一圈圈的螺纹。用手揭开酥皮，里面包裹着猪肉沫、韭菜、冬笋、五香豆干等食材，咸香扑鼻，吃起来皮酥香脆、馅料鲜美。

四月廿一

ziǎ lâng zît gūn, ǎ diǒ hâig lâng buè niù。

食人一斤，也得还人八两。

释义：得人好处，必当要有所回报。

小满是夏季的第二个节气，其含义是作物开始饱满，但还没有成熟，只是小满，还未大满。闽南地区有句俗语"小满不满，芒种不管"，意思是小满前后若是没下雨，一直到芒种都少有雨水。芒种期间要是没有雨水，就没有办法播种插秧，因此大家还是希望小满时节雨水充足。还有一句闽南谚语叫作"小满乌，大水满草埔"。"乌"，就是"天乌乌，要落雨"的意思。这句话意思是：小满那天要是下大雨，接下来会涨大水。

小满（于每年公历五月二十一 — 二十二日交节）

siô bbuàn oō, duǎ zuì muāg cāo boō。

小满乌，大水满草埔。

释义：小满若是阴雨天，雨水要淹青草埔。

福建是土楼之乡，漳州华安的二宜楼是福建土楼的代表，它是福建省内单体最大的双环圆形土楼。

二宜楼的外环楼每单元各四间，底层为卧室和客厅，第二、三层作为卧室和仓库，第四层为各单元的祖堂。底层外墙设12个"之"字形传声洞，便于内外联系，传递信息。内环平房为透天厝，设厨房、餐厅。楼中心是公共的内院，场地上可晾晒衣服和农作物。院中有两口古井，分别为阴泉和阳泉，组成了太极的阵型。

二宜楼又被誉为"中国南方壁画博物馆"。楼内共存有壁画200多幅、木雕300多件、楹联163副。

四月廿三

lān lâi kī huâ ān kuàg toô láo。

咱来去华安看土楼。

释义：我们一起去华安看土楼。

福建著名的土楼建筑，除了华安二宜楼，就数漳州南靖县的田螺坑土楼群最负盛名。田螺坑土楼群由一座方形土楼——步云楼和三座圆形土楼——振昌楼、瑞云楼、和昌楼，以及一座椭圆形的文昌楼组成。方楼步云楼居中，其余4座环绕周围，依山势错落布局，被人们戏称为"四菜一汤"。田螺坑土楼群建筑组合是福建客家土楼群的典范，因其独具特色的形体组合，被称为"世界建筑奇葩"。

四月廿四

bbǎn sù kī tâo lán。

万事起头难。

释义：万事开头难。

漳州南靖是个土楼窝，除了著名的"四菜一汤"，还有大大小小的土楼散落于田间山坳。

　　南靖最高的土楼是和贵楼。这座土楼建在沼泽地上，高五层，用200多根松木打桩、铺垫，历经200多年仍坚固稳定，保存完好。和贵楼内有两口水井，相距18米。左井井水清亮如镜，水质甜美，而右井却混浊发黄，不能饮用。这是由于两口井材料构造不同造成的奇特现象。

四月廿五

gâo láng diǒ gâo sīm, gâo sīm dâk ciân gīm。

交人要交心，交心值千金。

释义：交朋友要真诚，好朋友千金不换。

在南靖县书洋镇塔下村，有一座闻名遐迩的张氏宗庙——德远堂。它是我国保存最完整的古代姓氏祠堂建筑之一，距今已有300多年的历史。德远堂坐北朝南，背靠青山，古朴典雅，为二进结构。堂前有一口半月形的池塘，增添了幽美的意境。池塘前边两侧石坪上耸立着23支高过10米的石龙旗杆，杆柱浮雕蟠龙，腾云驾雾。这是国内现存最多的石龙旗，极其罕见。

相传当年塔下村张氏因家境贫寒而出洋谋生，后在台南落地生根。张氏后裔不忘乡情，曾两次捐资修茸塔下德远堂，又仿照这一建筑，在台南也修建了一座德远堂，以缅怀故土先祖。

四月廿六

ziǎ zǐt bāi kuī, ǒ zî bāi guāi。
食一次亏，学一次乖。
释义：吃一堑长一智。

泉州有一句俗语"有朵桥富无朵桥厝，有朵桥厝无朵桥富"，"朵桥厝"指的就是朵桥土楼。朵桥土楼坐落于南安市金淘镇，又称聚奎楼。这是一座方形土楼，建于清康熙年间。共3层，每层走廊相连，各有20个房间。屋檐安装瓦当和垂珠，屋檐下有五层环绕四周的条屏，描绘着千姿百态的花鸟鱼虫，非常美观。土楼内保留有多处墨宝，大门门额阴刻"银青东庄"，以示主人渊源。此外还有"聚奎楼""一门好善"等墨宝。这些墨宝字体俊秀，刚劲有力，体现了土楼主人的身世和德行。

四月廿七

cán bboô gāo, zuì bbô láo.

田无沟，水无流。

释义：田中没有水沟，就没有水流。意喻只有互相沟通才能交流。

在厦门同安的五显镇，有一座奇特的方形土楼，名为"庶安楼"。它是清代康熙年间当地富商所建造的民居，楼高12.5米，分上下三层，有48个房间。这座古建筑独立于田野之中。庶安楼的外墙地面墙裙用厚约30厘米、长1.5米的花岗岩条石纵横叠砌，高达4.5米，比普通民居的石墙裙高出三倍多，这样高的石墙裙，在福建数以万计的土楼中实属罕见。此外，庶安楼具有双层屋顶，在坡屋顶下还有一个卷棚顶，起到隔热收光的作用。而这一非同寻常的设计，也是福建土楼土堡中唯一一例。

四月廿八

nī giâg sì, bǎng giâg bē。

捏怕死,放怕飞。

释义:小鸟握在手中,用力怕捏死它,
松手又怕它飞走。指处事患得患失。

在漳州芗城天宝镇有一座明末清初遗留下的古村落——洪坑村。村落格局完整，屋舍错落有致。其主体是七座三进或五进的大厝，七座大厝一字排开，每座大厝两边各有两排单层护厝。古厝的墙基用大条石砌成，墙壁由青砖砌成，当地人称"青砖石壁脚"。在大厝与大厝、大厝与护厝、护厝与护厝之间都有小路相通。整个洪坑村就像一座迷宫，村内道路纵横交错，只要七座大厝的大门锁上，外人便无法进入村庄，而村内各家各户却道路相连，门户相通。村东有一座古老的石楼"鸿湖圆楼"，外形如同土楼，是闽南民居建筑的奇葩。

四月廿九

duǎ hún bē, siō hún zào, hông hôo mǎ siǒng gǎo。

大云飞，小云走，风雨马上到。

释义：天上的云朵移动快，马上就会刮风下雨。

在福建漳浦县有一座方形土楼，是南宋末年皇族闽冲郡王赵若和流亡避难的古城堡，俗称赵家堡。1279年，宋朝灭亡。赵若和为了躲避元兵捉拿，改姓黄，在漳浦建楼隐居。

赵家堡素有"五里三城"之称，其布局处处仿照两宋故都。城堡内外有两道城墙，东西南北各设一个城门。城中有五座并列的府第，按南宋临安的皇宫仿建。府第前是石板广场，广场有内外鱼池。池中石桥横跨，名曰"汴派桥"，是按《清明上河图》仿制的。

内城矗立着赵家堡的主体建筑，三层的宋式生土方楼——完璧楼，取"完璧归赵"之意。这栋楼用花岗岩条石砌成台基，以三合土为墙，高20米，占地400多平方米。完璧楼现作为宋史陈列馆，陈列着宋代18位皇帝的肖像以及有关宋史的文物资料。

四月三十

zît guāg guān zît yǐn, zît tuí guān zît cǐn。

一官管一印，一锤管一秤。

释义：意为各司其职，各行其事。

五月

集美龙舟池

陈嘉庚（1874—1961）是著名的爱国华侨领袖、企业家、教育家、慈善家、社会活动家，祖籍福建同安县集美社（现厦门市集美区）。陈嘉庚具有强烈的爱国情怀，为辛亥革命、民族教育、抗日战争、解放战争和新中国的建设做出了卓越的贡献。厦门大学、集美学村（包括集美小学、集美中学、集美师范、集美幼儿园、集美水产航海学校等）、翔安一中、翔安同民医院等教育、医疗机构，均由陈嘉庚创办。毛泽东称他为"华侨旗帜、民族光辉"。厦门大学、集美大学（前身为集美学村各校）两校师生尊称其为"校主"。

五月初一

ê méng sǐ dàn gù gīg ê goò hiōng.
厦门是陈嘉庚的故乡。

厦门大学由爱国华侨领袖陈嘉庚先生于1921年创办，是中国近代教育史上第一所华侨创办的大学，校内的早期建筑被列入全国重点文物保护单位和"首批中国20世纪建筑遗产"名录。

　　群贤楼群是厦大校园里最古老的建筑群，也是建校之初的第一组建筑。群贤楼群为一主四从的建筑结构，主楼为群贤楼，两边对称的是同安楼和集美楼。"囊萤楼"和"映雪楼"则颇具内涵："囊萤"二字源自《晋书·车胤传》，"（胤）博学多通，家贫不常得油，夏月则练囊盛数十萤火虫以照书"；"映雪"则典出《尚友录》，"孙康，性敏好学，家贫无油，于冬月尝映雪读书"。这两则劝学故事激励着一代又一代厦大学子。

五月初二

日积月累

ě mêng duǎ ō zîn suì。

厦门大学真水。

释义：厦门大学的校园真美。

集美学村位于厦门集美区，它由爱国华侨领袖陈嘉庚先生创办，享誉海内外。学村总建筑面积三千余亩（约2平方千米），集美学村包括多所中小学和高等院校，还包括福南大会堂、图书馆、体育馆、音乐厅、龙舟池、航海俱乐部等设施。它既是钟灵毓秀之地，又是凝集众美的观光风景区，其建筑融中西风格于一炉，体现了典型闽南侨乡的建筑风格。学村中的龙舟池节假日常举行龙舟赛，鼓乐齐鸣，南音悠扬，人声鼎沸。

五月初二

zîp bbì hǎk cūn sǐ ě mêng liê méng ê
集美学村是厦门热门的
lū yoû gīng diàm。
旅游景点。

芒种又名"忙种"，这是一年中最忙碌的时节，北方在此时收麦，南方于此时种稻。而在闽南，这个节气却有点"水土不服"，晋江一带的晚稻还得再过一个多月才播种。但芒种节气仍旧和闽南人的生活息息相关，因此在闽南有不少与芒种相关的俗语：

〔芒种蚝，不如无〕在闽南，芒种过后就不吃蚝（海蛎）了。芒种前，蚝苗就开始大量附着在蚝石上。等到芒种后才竖蚝石，则错过了繁育时间，所养的蚝味道就不那么鲜美了。

〔芒种雨，无焦土〕芒种当天若下雨，预示着当年的雨水比较多。

芒种（于每年公历六月五 — 六日）

bbông zing lǒ hoô hè siô kuē。

芒种落雨火烧溪。

释义：芒种日若下雨，这年夏天将会比较闷热。

农历五月初五日端午节，又称"五月节"，在闽南地区，这天除了包粽子、赛龙舟外，还保留着一些独具闽南特色的民俗活动：

〔挂艾草〕端午来临前，百姓要在大门、房门的门楣之上悬挂五种植物，即榕枝、艾叶、菖蒲、柳枝和大蒜头，俗称"五瑞"。这些多为芳香科植物，能发出一定气味，可以驱除蚊蝇。

〔炒午时盐〕闽南过端午还要炒"午时盐"。端午当天中午，到户外架起一口铁锅，锅里放上盐巴、茶叶和生姜一起翻炒，直到盐巴炒成黑褐色，再装到罐子里。每逢盛暑肠胃不适，取午时盐茶冲泡饮用，颇能见效。

五月初五

bbě ziǎ ggoǒ ggě zǎng, puà hiú ěm gâm bǎng。

未吃五月粽，破袄不敢放。

释义：还没吃五月的粽子，破袄子就不敢收起来。即端午还没来到，天气冷热不定，过了端午才正式进入夏天，袄子才可以收起来。

闽南端午的赛龙舟活动有相当隆重的仪式。龙舟下水前必须在五月初一举行应龙头、点睛的仪式，下水前要先请水神、接龙船、祭江，才开始比赛。赛后还要举行谢江仪式。举办龙舟赛除了追思屈原外，还特别倡导"诚毅"精神，即"诚信"和"毅力"。一支龙舟队要争取好成绩，队员之间必须诚心努力，动作整齐划一，坚持到底。

五月初六

bê lîng zún sǐ bbǎn lâm dě kū ggoǒ ggě ziê ê

扒龙船是闽南地区五月节的

zǐt kuān bbîn siōk wǎ dàng。

一种民俗活动。

永春漆篮，又名龙水漆篮，是闽南侨乡永春县龙水村独有的传统手工艺品。其制作过程繁复：先用细如琴弦的竹丝编成篮胚，后放在石灰水中煮，晾干抹上桐油灰，表以夏布，再涂上生漆，最后绘以图画，加上描金、堆雕等工艺，既坚固耐用，又华丽无比。

永春漆篮已有近500年历史，影响深远。是闽南一带迎神祭祖、寿诞喜宴上装盛物品的器具，也常作为馈赠亲友的礼品。随着工艺水平的不断提高，永春漆篮逐渐传到全国各地，乃至南洋各埠，并曾被选送到意大利、波兰、日本、毛里求斯等30多个国家展览。

五月初七

siào lián ěm pà biǎg, ziǎ lâo bbô miâg siāg.

少年不打拼，食老无名声。

释义：年轻时不拼搏，无所作为，活到老没有博
得功名。鼓励年轻人要努力拼搏，有所作为。

永春纸织画古称"篾画"，是在中国画的基础上发展起来的编织工艺。

　　纸织画色彩淡雅，掩映朦胧。凑近看纸织画，画面纸痕交织，经纬分明；站着远看，则可以体会到全图荡漾的意境。可谓"近视几不类物象，远视则景物粲然"，与宋代著名画家米芾的"米点山水"有着异曲同工之妙。纸织画所选择的题材广泛、内容丰富，山水花鸟、神话故事、民间传说应有尽有。

五月初八

 日积月累

ggoǒ ggě iā, tō bbó ziā。

五月蝶，讨无食。

释义：五月的飞蛾讨不到口粮。

通草画也就是画在通草纸上的水彩图，原产于广东一带。它是将通脱木的髓作为宣纸的原料，制成颜色洁白且有丝绒质感的纸，当水彩运用到质感丰富的通草纸上，在日光折射下能够呈现斑斓缤纷的效果。

　　我国民间工艺美术大师吴为佳在广东平面通草画的基础上，借鉴草雕、草扎等民间工艺，发展出了立体浮雕式的石狮通草画，在全国工艺美术界产生了巨大的影响，被誉为"东方艺苑珍奇新葩"。

五月初九

câi bboô buí bbuě duǎ záng,
菜无沃烩大丛,
giàg bboô gǎ bbuě ziâg láng。
囝无教烩成人。

释义：菜不浇水长不大，子不教
育不成人。即指要好好教育子
女，使他们明事理，有才干。

安溪被誉为 "中国藤铁工艺之乡"，是全国藤铁工艺品最大的生产出口基地。

安溪的藤铁工艺是在传统竹藤技艺的基础上发展出来的。早在五代、唐宋时期，当地百姓已开始使用"畚""筐"等竹制品。千百年来，竹藤编的农具、茶具、日用器具相当普遍。到了20世纪90年代末，东南亚金融危机爆发，安溪竹藤工艺企业把市场转移到欧美，根据欧美的市场需要，在传统竹藤技艺的基础上创新设计出藤铁类工艺品。这些藤铁支架既实用又美观，迅速占领了欧美市场，并逐渐形成了藤铁艺术。

五月初十

cǐ ggú kī duǎ cǔ, cǐ dī cuǎ sîm bû.

饲牛起大厝，饲猪娶新妇。

释义：养牛盖新房，养猪娶新娘。意为勤劳致富。

漳州盛产的陶瓷被称为漳窑，是传统陶瓷烧制工艺的珍品，创烧于明朝前期。其精品曾作为朝廷贡品，并通过漳州月港销往海外。其釉面呈米黄色冰裂纹，器型古朴大方，工艺精湛。西方曾经把漳州陶瓷称为"汕头器"。但因为漳窑技艺失传已久，加上缺乏相关研究资料，漳窑与同一时期的德化窑、潮州窑相比，并不为人们所熟悉。

五月十一

ziāng ziū ê huí wnà zīn suì。

漳州的瓷碗真水。

释义：漳州的瓷碗很漂亮。

漳州棉花画始创于1963年。当时，漳州一带的弹棉匠为满足顾客的需要，在棉被上铺花缀字，后来又运用扎、塑、贴等工艺手法，把附在棉被上的平面棉花画分离出来，综合运用彩扎、浮雕、国画等艺术技法，制成具有鲜明民间特色的艺术品。

　　棉花画造型生动、立体感强，是优雅大方的家居装饰品，也是珍贵的馈赠品、具有地方特色的旅游纪念品，在国内外享有盛名。

五月十二

dâng guē duǎ liāp mǎ sǐ cǎi。

冬瓜大粒也是菜。

释义：冬瓜长得再大也是蔬菜。即事物再怎么变化也无法改变它的本质，暗指人不能忘本。

闽南人爱饮茶。话说"好茶配好器"，紫砂壶作为高雅的品茗茶具，受到文人雅士的追捧。

紫砂材质密度高，透气性好，用它沏茶不失原味，气韵温雅，而且使用越久，壶身色泽越光亮。一些文人墨客喜欢在紫砂壶表面镌刻寓意深远的诗画，展现主人的品味和个性。因此，紫砂壶既是一种生活用品，也可以作为艺术品收藏。

在泉州，用紫砂壶来泡茶者不多，收藏爱好者却不少。有些收藏者专门收藏与闽南文化有关的紫砂壶，玩出了品味，玩出了闽南味道。

五月十二

diùg dī buí, diùg gào sàn, diùg láng êng sêng tàng.

胀猪肥，胀狗瘦，胀人黄酸桶。

释义：猪吃多了长膘，狗吃多了反而瘦，人吃得太多也
会消化不良，面黄肌瘦。说明饮食要节制，吃得过量会
适得其反。

厦门园林植物园俗称"万石岩"，位于厦门岛东南角的万石山中，背靠五老峰、南普陀寺。自1960年建园至21世纪初，厦门园林植物园已引种、收集7000多种植物，建成了松杉园、蔷薇园、棕榈岛、沙生植物区、南洋杉疏林草地、雨林植物世界、藤本植物区、花卉园、药用植物区、彩叶灌木区、百花厅、苏铁园等15个专类园区。

除了丰富多样的植物外，园内还汇集了厦门著名的二十四景当中的八大景观，包括："天界晓钟""高读琴洞""万石锁云""中岩玉笏""太平石笑""万石涵翠"等，还有百十余处历史悠久的摩崖石刻和古色古香的寺院，是国家首批AAAA级景区。

五月十四

ài huē liǎm pún siê。

爱花连盆惜。

释义：爱怜花草，连花盆也怜惜。

筼筜湖位于厦门岛西南部，原先是一个海湾，与大海相通，旧名筼筜港，20世纪70年代围海造田，筼筜港成为厦门的内湖，水域面积约1.6平方公里。

从空中俯瞰筼筜湖，就像一条碧绿的飘带，几乎横贯整个厦门岛。湖中央的白鹭洲像镶嵌在碧波中的明珠。整个湖区形成了一座带状公园，绿荫葱葱，绿化面积达31.5万平方米。这里栖息着一群群白鹭。行走在环湖步道上，可以近观白鹭优雅的身姿。湖区周边则是厦门市的政治、金融、文化中心。澄澈的湖水倒映着白鹭的倩影，与周边的现代化建筑相映成趣，是市民休闲娱乐的好去处。

五月十五

ě méng sǐ běloô ê gū héng。

厦门是白鹭的家园。

黄厝海滩位于厦门岛蜿蜒的环岛路上，临近椰风寨、观音山等重要景点。这里曾经是一个寻常的渔村，它的对面就是金门岛，现在这里已经变成一片宽阔、干净的海滩。这片海滩还是极佳的观日点，清晨和傍晚，时常有游客来这里观看日出和日落，傍晚时分，来海边散步、放风筝的游人如织。这里还是举世瞩目的厦门国际马拉松赛必经的赛道，蓝天白云映衬着红色的步道和碧绿的绿化带，还有碧蓝的大海和金色的沙滩，形成一道靓丽的风景线。

五月十六

ě méng ê kuân dō loô dǎk ní long ě
厦门的环岛路每年都会
gū bǎn mū lâ song sǎi。
举办国际马拉松比赛。

在漳州和泉州，分别有一座中山公园。漳州的中山公园位于芗城区，1919年11月建成，原名漳州第一公园，1927年更名为中山公园。这里是福建省内的市级休憩公园之一。园内曾建有"中山纪念台"，是十九路军进驻漳州时所建，但在抗战期间被日军炸毁。现园内建有七星池、梅岗山、漳州解放纪念亭、闽南革命烈士纪念碑等建筑，并设立了中山广场，树有孙中山像。

厦门的中山公园位于厦门市中心，始建于1927年。公园建成后，历史上很多大型的集会曾在这里举行。公园结合了中西方的建筑和园林艺术，既有优美的自然景观，又充满浓郁的人文气息。

五月十七

diông sân gông héng dǐ ě méng ê lǎo cǐ kū。

中山公园在厦门的老市区。

来到厦门的旅客，在探访了厦大美丽的校园之后，必定要到附近的沙尾坡去走一走。沙坡尾原是厦门的一个避风港，也是厦门港的源起之地。古时候这一带海湾呈月牙型，金色的沙滩连成一片，所以有"玉沙坡"的美称。如今这里依旧保留着原生态的渔港，船坞、锚地、岸线、街巷依旧如故，但在传统的街巷里汇聚着一众网红小店：有馋人的美食市集，也有新潮的艺术西区，还有各种文艺夜市，吸引着年轻人前往打卡。

五月十八

zît lît tì táo, sâg lît yân dáo.

一日剃头，三日缘投。

释义：一日理发，三日帅气。意为理发使人看起来神清气爽，整齐俊美。

漳州市芗城区香港路北端有两座双门顶的明代石坊，分别为"尚书探花"和"三世宰贰"。

　　尚书探花坊是为嘉靖探花林士章所立。林士章是漳浦人，自幼聪颖，博闻善记，官至南京礼部尚书、翰林院侍读学士等。林士章十分关心家乡的文化教育事业，曾撰写《漳浦县重修儒学大门记》《平和县重修儒学始建尊经阁碑记》等碑记，倡导重教兴学，对漳州地区的文化发展起到很大的促进作用。三世宰贰坊为南京吏部右侍郎蒋孟育及其父亲和祖父三代而立，石坊正匾两面分镌"三世宰贰""两京易历"。两座石坊朴素大方，造型古拙，是闽南石雕艺术的珍贵资料。

五月十九

zìng cán bbô hò hǎi zît dāng,
种田无好害一冬，
gà giàg bbô hò, hǎ zît sì láng。
教囝无好害一世人。

释义：种田一季收成不好，下一季还能补救。若孩子没教育好，则一辈子没前途。

漳州市区南部有一条香港路，古称南市街，是唐宋至明清时期漳州古城的中轴线，商贸云集的商业街。当年这条街上主营民俗用品、餐具、炊具等。至今这里仍保留着明清至民国期间的历史风貌建筑，老街两边是典型的闽南骑楼，还存有很多民国时期的老牌匾。直到20世纪90年代中期，香港路始终是漳州小商品的主要集散地。

五月二十

ziǎ yám kā zuě lī ziǎ bbì,

食盐较侪你食米,

gè gió kā zuě lī giâg loô。

过桥较侪你行路。

释义:吃过盐比你吃的米多,走过桥比你走过的路多。比喻在阅历丰富,见多识广。

长泰是漳州市的千年古县。在长泰县东南方的石岗山上，有一座文昌阁。这座文昌阁始建于明正德十四年（1519年），到明万历九年（1581年）长泰知县方应时首倡在石岗山山顶筑阁。据史料记载，文昌阁落成第二年，恰逢长泰士子六人同科中举，民间有了"文昌鹊起，人文丕丕，甲科勿断"的说法。近五百年间，文昌阁因风雨、雷击、地震袭扰而多次损毁重建。现在的文昌阁于2000年建成。如今，"文昌丹照"成为长泰的新八景之一，守护着龙津儿女的精神家园。

五月廿一

cõng bbíng kò bbǎk ziū, hù lû kò kâ ciù。

聪明靠目珠，富裕靠胶手。

释义：头脑聪明要靠眼睛多看，富裕的生活
要靠双手双脚来实现。

闽南传统习俗中，夏至当天要合家团聚。已出嫁的女儿要回娘家，晚辈则蒸好"龟粿"孝敬回门的姑母。姑母需坐在大门门槛上或户外的石臼上吃粿，寓意为帮助娘家留住财气。在同安等地，夏至日要吃绿豆糕、茯苓糕，这些也是解暑良品。

夏至（于每年公历六月二十一——二十二日交节）

âng gû gè, áng âng áng。
红龟粿，红红红。
zît dè gā gǐ ziā, zît dè ciāg bâk láng。
一块家己食，一块送别人。

释义：红龟粿，红艳艳。一块自己吃，一块送他人。红龟粿是闽南民间节日祭祀的糯米制食品，红色，外压龟印，内包馅料，以植物叶盛托。

卤面是漳州和泉州人逢年过节或喜庆寿诞请客的礼食。但漳州卤面和泉州卤面做法各不相同。

泉州卤面选用的是生面，精华在卤汁里。能让卤汁的味道融入原本无味的生面中，才是泉州卤面的上乘品。

漳州卤面选用的面条是碱面。其配料十分丰富：骨头汤里放爽滑的肉片、虾仁、鱿鱼干、黄花菜、香菇丝和笋丝一起煮开，浇上蛋液，再加酱油和调好的水淀粉，做成鲜甜的卤汤。碱面和豆芽或其他蔬菜在沸水里汆一下捞出，浇上卤汤，加蒜蓉醋、炸脆的蒜丁，最后撒上胡椒面和香菜，一碗香喷喷的卤面就做好了。

五月廿三

dō zǐ gē loō mî siǎng ziàg gàng?

哪一家的卤面最正港？

释义：哪一家店的卤面最地道？

萝卜饭是闽南一带有名的家常美食，咸饭的典型代表。制作时，以大米、白萝卜、香菇和海鲜干货为原料。先将大米洗净浸泡，滴入老抽调底味。五花肉炒香出油，加入白萝卜块、发泡好的香菇和虾米煸炒，倒入浸泡好的大米拌匀，再将食材倒入锅中，加水至与食材齐平，闷煮20～30分钟，最后淋上炸好的葱油拌匀，喷香诱人。

一道菜也是一顿饭，它是漂泊在外的游子的思念，也是华侨心中的古早味。

五月廿四

gîn ā līt diông dǎo ziǎ cài tâo bêng。

今日中午吃萝卜饭。

猪腰饼是闽台地区常见的面食小点。在闽台各地，老百姓都发挥各自想象来为其命名。金门人认为其形似耕牛脖子上的牛轭，因而称之为"牛轭饼"；台北浪漫的年轻人则称它"爱心饼"；厦门人认为它与猪腰形状相似，叫它"猪腰饼"；到了宗教氛围浓厚的泉州，信众们认为它与庙堂中的"信杯"相似，则称做"信杯饼"。

信杯饼的样子虽然简单，但制作工艺要求颇高。其原料以面粉和蔗糖为主，口感好坏主要由面粉决定。只有品质极佳的面粉才能发酵出口感弹牙又兼糯感的地道猪腰饼。

五月廿五

dî yô biàg, ǎ giò zuè "xìn buê biàg"。

猪腰饼，也叫作"信杯饼"。

肉夹包是闽南的面点，具有百年的历史，是传统婚宴上必备的面点之一，老一辈的人叫它"虎咬狮"。

　　肉夹包采用上等面粉发酵制成松软的饼皮，将肥瘦相间的五花肉配以各种香料卤制。暄软的饼皮夹着喷香的五花肉，咬在嘴里，浓郁香味满溢而出。食客们形象地称它为"中国汉堡"。

五月廿六

bbâ giāp bāo à giò zuè "gào gǎ sāi"。
肉夹包，也叫作"虎咬狮"。

满煎糕是闽南传统小吃，起源于泉州。闽南人喜欢把它当作早餐。满煎糕以面粉、蔗糖、花生仁作为主料，把糖与花生仁碾碎，拌在已发酵松软的煎饼卷内，制成大如面盆的满煎糕。吃的时候将煎糕切成一块块巴掌大的锥形小块，吃起来甜香松软，夹层甜糯，是冬春季节的佳点。

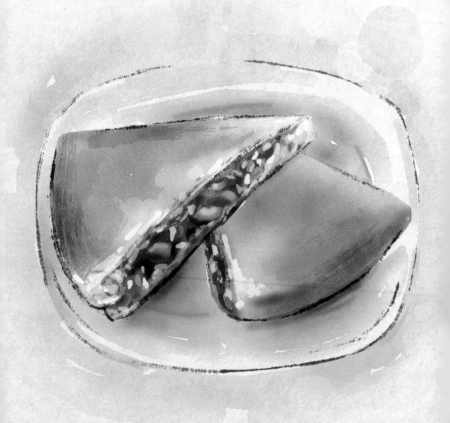

五月廿七

dě buè càì ci wǔ zît tuâg bbuān jiân gō siǒng hō jiā。

第八菜市有一摊满煎糕很好吃。

泉港浮粿又称"泉港普粿""泉港普甲"，是福建泉港的一道特色小吃。刚炸出来的浮粿用筷子掰开，里面有香喷喷的海蛎和鲜嫩的瘦肉，美味至极。

　　泉港浮粿有两种风味。一种为硬式浮粿，一种为软式浮粿，二者区别在于地瓜粉的运用。硬式浮粿地瓜粉调得更黏稠，油炸时间也更久一些，炸至微焦；软式浮粿则相对较软。

　　传统吃浮粿的方法是拿箬叶或者蒲葵叶包裹浮粿食用。而不管是软式还是硬式浮粿，最传统的做法是用羊油来炸制。

五月廿八

ziā bbē hò, zuě bbē kîn kò。

食要好，做要轻可。

释义：吃要求吃好，而做工却要找轻松
的活儿。比喻贪图享受，拈轻怕重。

崇武鱼卷是泉州十大名小吃之一，主要原料为鱼肉，其中又以马鲛鱼、鳗鱼、鲨鱼肉等为佳。鱼卷吃起来既不见鱼肉，也不含腥味，入口弹脆，有一种特有的清鲜滋味。

　　在崇武，不论婚庆宴席还是年节盛宴，头道菜都要上鱼卷。这是因为崇武人多以海为生，讨海人出海作业往往冒着生命危险，人们最重视的就是平安顺利，鱼卷"头圆尾圆"，被赋予了平安团圆的美好寓意。

五月廿九

bbô gîm bbô gǐ ziǎ bà lî。

无禁无忌食百二。

释义：不挑食，饮食无所禁忌，可以健康长寿，活到一百二十岁。

锅边糊又称鼎边糊，是福建特色风味小吃。漳州的锅边糊和福州的大有不同。福州锅边糊是用蚬子汤为汤底，而漳州锅边糊的灵魂主要来自一锅卤料：汤底是红油卤汤，锅边口感软糯的，还有卤大肠、卤猪皮、卤笋干、卤蛋等十多种卤料任意搭配，再将脆爽的油条浸入汤汁，撒上香菜丁、蒜蓉末，滋味十足。

五月三十

日积月累

bbī gêng duè bbô bbì。
米缸仔底无米。
释义：米缸内没装米。
指断粮了，无米可炊。

六月

厦门大学

一千多年前，中原人为了躲避战乱，有三次大迁移。第一次是"永嘉之乱"，有八大姓氏的名望家族南迁；第二次是唐高宗年间，陈政、陈元光父子带领几万兵马来闽南平定叛乱；第三次是唐朝末五代王审知带兵来闽，建立闽国。

唐初平定叛乱后，陈元光带领军队驻守在闽南一带，带领部下开垦土地，经营农业，对外通商，兴办学校，使原本生产落后、风俗野蛮的闽南一带得到巨大发展，因此被尊为"开漳圣王""圣王公"。跟随陈元光南来的将士跟着在闽南安家立业，繁衍后代。他们带来了中原的先进文化，而中原的语言与当地不断融合变化，成了今天的古汉语活化石——闽南语。

六月初一

wǔ ziǒng wân hâk sīng, bbô ziǒng wân siâ sīng。

有状元学生，无状元先生。

释义：比喻后辈胜过前辈。教师最大的
成就是教出优秀的学生。

王审知是五代十国时期闽国的开国国君，"开闽三王"之一。他出身贫苦，与两位兄长王潮、王审邽一起加入王绪的农民军，随之转战福建。在同安北辰山发生"竹林兵变"后，王绪被废，随后王潮带领军队先攻下泉州，进而以泉州为根据地，兵进福州，又陆续收编了福建诸多地方势力，统一了福建。兄长王潮去世后，王审知接任管理福建。他在位时选贤任能，减轻徭役，降低税收，让百姓得以休养生息，使福建的社会经济和文化得到很大发展，因此被尊称为"开闽圣王""忠惠尊王"。

六月初二

lâk ggē mí pê gīng láng gǎ。

六月棉被拣人盖。

释义：六月天气反复，身子弱的人还要盖薄棉被。

颜思齐是福建海澄县青礁村人，他是台湾开发史上第一位率众渡过台湾海峡，开垦台湾的先锋。

明朝末年，豪爽仗义的颜思齐因杀了官宦的仆人而被迫逃往日本。1624年，颜思齐密谋推翻日本平户当地的政权，因消息泄漏而再次逃亡，途中经过台湾，发现岛上地肥水美、荒野未辟，决意在此开疆拓土。他招募漳州、泉州一带的移民三千多人前往台湾开拓荒地。这些闽南移民从大陆带来了丰富的文化和生产技术，把台湾从刀耕火种的原始社会带入了封建社会。颜思齐的开台业绩受到后人世代缅怀，因而在海峡两岸被称为"开台圣王"。

六月初二

láng ziǎ cuì zuì, hí ziǎ láo zuì。

人食嘴水，鱼食流水。

释义：为人应以礼相待，好话常挂嘴边。
只有广结人缘，谋事建业才能顺利。

蔡襄是北宋的文学家、书法家，福建仙游人。他博学多才，能诗善文，精于书法，为宋代"四大家"之一。其正楷端重，行书温淳，草书则参用飞白法。其主要文学著作《荔枝谱》是我国现存最早的一部果树栽培专著；《茶录》是福建现存最早的茶学专著。

蔡襄曾先后在漳州和泉州为官，政绩不凡。他担任泉州知府时，主持修建了著名的洛阳桥，使洛阳江天堑变通途，大大推动了泉州的社会经济发展。

六月初四

gân koō táo, kuì wâ bbè。

艰苦头，快活尾。

释义：开头艰难，最后就轻松了。劝勉人迎难而上，最后自然水到渠成。

苏颂是北宋著名的宰相，出身闽南望族，厦门同安人。他为官清廉，处事精审，正派持重。

苏颂也是杰出的天文学家、机械制造家、药物学家。他的主要贡献在科学技术领域，主持制造了世界上最古老的天文钟——水运仪象台。这一机器以漏刻水力驱动，是集天文观测、天文演示和报时功能于一体的大型自动化天文仪器，它开启了近代钟表擒纵器的先河，是中国古代的卓越创造。

除此之外，苏颂在地理、音律、历法、医学等领域也无不通晓，主要著作有《本草图经》《新仪象法要》《苏魏公文集》等。

六月初五

日积月累

duǎ zâng ciǔ kā, hǒ yîm yàg。

大丛树下，好荫影。

释义：大树下好乘凉，譬喻庇护恩荫。

吴本是宋朝一位神医，他医术高明，医德高尚，备受百姓敬仰。宋明道二年，漳州、泉州一带瘟疫流行，百姓病死无数，田园荒芜。吴本深入疫区，救治了许多人。宋仁宗欲封他为御史太医，吴本却婉言谢绝，回到家乡为百姓治病。因为他一生救人无数，辞世后被民间尊奉为神。百姓在他生前行医的白礁村和青礁村立祠纪念。历代朝廷又先后追封他为"大道真人""保生大帝"等。如今，保生大帝的信众近亿人，他成为闽南、潮汕地区，以及台湾、香港、澳门，甚至东南亚共同信奉的神祇。

六月初六

bō sing dǎi dě, ǎ giò zuè dǎi dǒ gōng。

保生大帝，也叫作大道公。

郑成功是明末清初的军事家、政治家、民族英雄，泉州南安人。他最大的历史功绩就是收复台湾。永历十五年（1661）郑成功亲率将士二万五千名、战船数百艘，横渡台湾海峡，迎着荷兰侵略者的坚船利炮和海上极端恶劣的天气，与荷兰军舰展开海战，于翌年击败荷兰驻军，收复台湾。

为了纪念郑成功驱逐荷夷、收复台湾的历史功绩，福建省政府和厦门市政府在鼓浪屿上建造了皓月园，即郑成功纪念园，园内设有一座郑成功巨型雕像。只见郑成功身披战甲，手按宝剑，远眺大海，气势雄伟，挺拔刚劲。

六月初七

gǔ làng yǔ yǒu yí zuò zhèng chéng gōng diāo xiàng。

鼓浪屿有一座郑成功雕像。

陈化成，字业章，籍贯福建同安，是清代著名的民族英雄。历任参将、总兵、福建水师提督、江南提督等。陈化成一生为官廉洁，军纪严明，并积极支持禁烟，深受百姓爱戴。1842年，英国侵略军进犯长江，陈化成率军在吴淞口与英军力战，最终因兵力悬殊，英勇殉国。道光皇帝钦赐陈化成谥号"忠愍"。后来他的灵柩被运回厦门，安葬在金榜山脚。

六月初八

pāi bbè mǎ wǔ zî boǒ tât。

坏马也有一步踢。

释义：人各有优缺点，一个人即使有再多不足，也有其长处，不要轻视别人。

闽南地区雨量充沛，光照充足，适宜栽种多种热带水果，芒果就是其中之一。在闽南地区的道路旁随处可见芒果树，一到初夏树下能闻到芒果香。闽南芒果以本土芒果为主，所结的芒果只有约八厘米长，香气四溢，酸甜爽口，肉质结实弹牙。闽南人吃芒果的方式独特，要蘸酱油，酱油的咸调和了芒果的酸，味道鲜甜。

小暑（于每年公历七月七 — 八日交节）

siō sù bbô hoô, yào sī niā cù。

小暑无雨，饿死老鼠。

释义：小暑如果没有下雨，夏季就缺少雨水，秋季的收成会受影响，连老鼠都会饿死。

惠安石雕是福建惠安的一种地方传统艺术，国家级非物质文化遗产之一。惠安石雕历史悠久，现存最早的惠安石雕作品是唐末威武节度使王潮墓中的各种圆雕和浮雕，距今已有1100多年的历史。明朝惠安考取功名的人较多，各种牌坊、墓区的石雕产品纷繁，展现了较高的工艺水平。清代惠安石雕的艺术风格逐渐稳定，趋向精雕细琢，注重线条结构和形态神韵。新中国成立后，惠安石雕工艺精益求精，创作了诸多精工之作：北京人民大会堂的柱座、厦门集美陈嘉庚陵园的石雕、南京中山陵的华表等，都是惠安石雕精品。

六月初十

ě méng huǐ hó ziǒ diāo héng wǔ jîn
厦门惠和石文化园里面有很

zuě ziǒ diāo zōk pìn。
多石雕作品。

惠安木雕是中国南方雕刻艺术的典型代表。它最早运用于建筑装饰、神像、日用家具等，在惠安城乡广为盛行。在闽南居民建筑中，房屋内外多饰以木雕装饰，尤其是厅堂的梁枋、托架、门窗格扇、椽头柱等，均雕满精巧细腻的花饰。惠安的木雕神像工艺精湛，弥勒佛、十八罗汉、八仙、观音等形象较为常见，而日用家具类的作品主要是橱柜、花轿、座椅和床雕等。惠安木雕以其高超的艺术性和丰富的表现手法获得世界各国消费者的青睐，产品远销日本、美国、澳大利亚等20多个国家和地区。

六月十一

huǐ wāg bbôk diāo zuè gāng zîng bbì,
惠安木雕做工精美,
zǒ híng diê biē。
造型独特。

金木雕是福建东山县等地的民间传统工艺品。它运用樟木、楠木等木材，以浮雕、圆雕、透雕和线刻等手法雕成，然后用细砂纸磨光，刷上漆料，再装贴上金箔、金粉，作品富丽庄重，光彩夺目，主要应用于建筑装饰、庙宇殿阁等。金木雕深受闽南民俗文化的浸染和影响，几经演变，具有浓郁的乡土气息。

六月十二

puà cá liǎm câ diām suā puǎ。
破柴连柴砧煞破。

释义：砍柴连柴砧都一起砍
破。譬喻事情难分青红皂白，
连一旁的和事佬也受到牵连。

在闽南话中，"锡"与"赐"同音，具有祈福、吉祥之意。自古以来，闽台地区就颇为推崇锡器，不论是婚丧嫁娶还是馈赠亲友，都要用到锡制品。锡雕艺术可分为南北两大派系。泉州锡雕为南方花雕的代表，古朴大方，集传统雕刻、油漆、灯艺、铸造艺术于一体，此外，又有錾花刻字、金银秀色，色泽铮亮，富丽堂皇，具有鲜明的闽南风格。

据记载，明朝时期福建的锡雕工艺便十分兴盛。当时的泉州、同安还出现了专门从事锡雕交易的"打锡街""打锡巷"，见证了锡雕技艺的辉煌。

六月十二

tīg lǒ âng hoô, bbè ê huāk gâk。

天落红雨，马会发觉。

释义：形容不可能出现或不可能办到的事。

　　海柳雕刻是闽南特有的一种工艺品。海柳是一种珍贵的海洋动物，属珊瑚科。它生长在海底，一大群形似树林，所以被称为"海柳"。漳浦东山岛的海柳雕刻历史悠久，当地的宋代古墓中就曾发现用海柳雕刻的手镯、酒杯。海柳雕刻艺人根据海柳的形状、色泽和坚硬细腻的特点，雕刻出各种精美的烟斗、手镯、茶杯、佛珠等艺术品，清雅别致，色泽油亮，独具迷人韵味，闻名国内外。

六月十四

gûn tâo bbù duî ziǒ sāi。

拳头母舂石狮。

释义：用自己的拳头击打石头，
意喻以弱击强，自不量力。

华安玉雕一种民间雕塑工艺，兼具实用性、装饰性和艺术性。

华安玉，古称茶烘石、九龙玉、九龙璧，其质地细腻、玉质温润、石质坚硬，以红、绿、白、黑四色为主。早在清代乾隆年间就被用来雕刻贡品。近几十年随着玉雕工艺的进步，华安玉雕被福建省人民政府列为非物质文化遗产保护项目，成为"华安三宝"之一，华安玉也于2000年入选"中国十大国石候选石"。漳州的华安县因此荣获"中国玉雕艺术之乡""中国观赏石之乡"的美誉。

六月十五

dàng zuê sô yíg, liâ gě buǎg gè buàg ní.

冬节搓红圆，六月半过半年。

释义：闽南的冬至和六月半过半年节都要搓
汤圆。这两个节日分别在夏收和秋收后，一
方面庆丰收，一方面搓汤圆祭拜祖宗。

聚宝街位于泉州旧城区南部。街道两旁是凤凰树和南方特色的古老建筑物以及带有异国风格的建筑物和教堂。宋元时代，泉州对外贸易兴盛，刺桐港享有"东方第一大港"的盛誉，是"海上丝绸之路"的起点，有一百多个国家和地区的商人聚集在这条街上与华人交易各种金银珠宝、绸缎布匹、香料药材、茶叶瓷器等商品，故取名聚宝街，意为汇聚八方奇珍异宝。

六月十六

cê dī cê gào, būt lú gǎ gǐ zào.
差猪差狗，不如自己走。

释义：差遣猪狗，不如自己跑腿。
意指重要的事情应该亲力亲为，委
托不适当的人反而误事。

西街是泉州最早开发的街道，见证了宋元"东方第一大港"的繁荣。它还是泉州市区保存最完整的古街区。这条街上有著名的开元寺、东西塔、城心塔，也隐藏着诸多名人宅第、近现代洋楼，还保留着大量风姿独特的古大厝、木楼群，是一座生动的建筑博物馆，蕴含着古城丰厚的历史文化积淀。

六月十七

dî à pâ sǐ zā gōng gě。

猪仔打死才讲价。

释义：意喻凡事没有预先商定，待事实达成才来谈判，双方僵持不下。

在泉州市西街开元寺内有一对石塔，东侧为"镇国塔"，西侧为"仁寿塔"。这两座塔是中国最高也是最大的一对石塔。镇国塔始建于唐咸通六年（865），仁寿塔始建于五代梁贞明二年（916）。东西塔历经风雨侵袭，地震撼动，至今屹然挺立，表现了宋代泉州石构建筑和石雕艺术的高度成就，是中国古代石构建筑的瑰宝。

六月十八

sān sàn zuī ggú sâg dàg gût。

瘦瘦水牛三担骨。

释义：一头牛再瘦也有三担骨，
不可小视。

在泉州石狮的宝盖山上有一座姑嫂塔，五层八角，是一座花岗石空心石塔。它建于南宋绍兴年间，已经有800多年的历史。传说宝盖山下有一对兄妹相依为命，哥哥娶妻后姑嫂和睦。后兄长下南洋谋生，一去杳无音信，姑嫂二人经常登上宝盖山顶眺望大海，如同一座望夫石。经年累月，二人伤心而死，后人感而哀之，筑塔纪念她们。姑嫂塔的传说是侨乡移民史的见证。

如今，姑嫂塔依然背靠泉州湾，面临台湾海峡，镇守东南，是海上行船的航标。

六月十九

 日积月累

ěm zāi sǐ hím ā sǐ hoò。

不知熊抑是虎。

释义：譬喻不知道事情的真相与底细，不应轻举妄动。

泉州棋盘园是涂门街上的宋元文化遗存之一。传说宋元时弈棋风盛，当时泉州市舶司蒲寿庚为娱宾客，在兴建花园时划出了一块东西长百公尺、南北宽六十公尺的"棋盘"，令32个姑娘穿着红、黑二色的衣裙，头戴簸箕，上书"将、士、相、车、马、炮、卒"字样，充当棋子。弈棋时蒲氏和棋友在楼上对阵，这三十二个"棋子"则按口令，在"棋盘"上移动位置，以决胜负。后来这个地方就被称为"棋盘园"。这32个姑娘平时被安排在32间阁楼上歌宿，此地就被称为"三十二间巷"。

六月二十

gè sí bbuě lǎ līt。

过时卖日历。

释义：比喻错判时机，无法追回。

府文庙是泉州重要的文化古迹之一，也是福建地区最大的文庙建筑群。府文庙始建于唐开元末年，北宋太平兴国初年将孔庙设于此处。整个建筑群布局匀称，造型独特，是中原文化和闽南古建筑艺术的融合体现，在全国现存孔庙中罕见，有很高的科学、艺术和历史价值。如今府文庙内设有"泉州府文庙文物陈列馆""泉州历史名人纪念馆""泉州古代教育展览馆"，是古代文化教育的殿堂。

六月廿一

ā à tiâg luî

鸭仔听雷

释义：比喻同不识道理的
人讲道理，白费口舌。

在泉州德化县水口镇有一处岱仙瀑布，被誉为"华东第一瀑"。岱仙瀑布发源于德化县东部海拔1782米的石牛山下，瀑布分两股飞泻而下：东为岱仙瀑布，从飞仙山峰上飞泻直下，声若雷鸣，气势恢宏；西为油漏瀑布，宽110米，在阳光下犹如珠帘挂壁。两处瀑布交相辉映，格外壮观。

六月廿二

suè kāng ěm boò, duǎ kāng giò koò。
小孔不补，大孔叫苦。

释义：小洞没有及时弥补，大洞补
起来将要花更多的功夫。意喻应及
时纠错。

大暑是一年中最热的节气。酷暑中，闽南人最喜爱的解暑小食就是四果汤。四果汤起源于漳州，后来在泉州、厦门也广受欢迎。传统的四果汤以莲子、银耳、绿豆、薏米、海石花、仙草冻等为主料，加上冰沙或芋泥等，再淋一勺蜂蜜水，成为一道清凉去火的甜汤。

大暑（于每年公历七月二十二 — 二十三日交节）

duǎ sù līt ziǎ boò, sîn tè kā giǎg hoò。

大暑日食补，身体较健虎。

释义：大暑当天吃一些营养丰富的食物，有
助于身体健康，能矫健如虎。

桔红糕，源于泉州，是闽南特色小零食。用糯米制成，呈1～2厘米长的小方块。其造型玲珑，剔透如玉，糯滑可口，甜韧适中，具有糯而不粘，甜而不腻的特点，老少皆宜，是闽南人在佐茶时常吃的糕点。

六月廿四

bbǎn lâm láng ziǎ dé ài pè giēt hǒng gō。
闽南人吃茶爱配桔红糕。

嘴口酥,是一种形似孔方(小古钱)的小饼,入口酥松,颊齿生香,是闽南配茶和馈赠亲友的传统名点。嘴口酥源于三国时代,喜欢制谜的曹操在一盒点心的盒子上手书"一合酥",令众臣费解。主簿杨修猜到"一合酥"的含义为"一人一口酥",就一言不发地将甜点分给众臣,曹操击案惊叹,并由此而猜忌杨修。后人争相仿制该甜点,原称"一口酥",传至闽南后方言称"嘴口酥"。

六月廿五

 bbô bbì lǒ ē giâm lǔn ggē。

无米下锅兼润月。

释义：无米下锅，偏逢闰月，意为
空难重重，雪上加霜。

茯苓糕是闽南传统手工糕点，采用茯苓制作。将茯苓打成粉，和面粉、泡打粉、糖拌匀后过筛。将发酵粉和清水混合后静置10分钟。二者拌成比较稠的面糊，放于温暖处发酵至2倍大，再把面糊倒入模具，蒸25分钟即可，

茯苓性甘味淡，具有祛湿利水、健脾和胃、宁心安神的功效，老少咸宜。

六月廿六

lāo bàn, bāng gguā qiē zît liūg hôk lîng gō。

老板，帮我切一两茯苓糕。

释义：在街边向小贩购买茯苓糕，
可以称重购买。

辇宝饼，也称展宝饼、两宝饼。其外形呈正四方形、六面，每边长约4厘米。其原料有绿豆、面粉、猪油、蔗糖。将绿豆浸泡七八个小时后去表皮，磨碎煮烂，拌上蔗糖制成饼馅。再取面粉加水和糖，渗入适量猪油拌匀成糊状做饼皮。包上馅料置于平底锅上，文火煎熟呈暗棕色。饼皮酥松，入口即化，是闽南人喜爱的茶配之一。

六月廿七

ziǎ diǒ mîn, cǐng diǒ sāg。

食仁面，穿仁身。

释义：吃得好，满面红光；穿得好，
全身漂亮。指吃穿是生活要事。

鱼皮花生是一种用花生制成的小零食。制作时，用新鲜的鱼皮熬成胶，浇在花生仁上，形成光亮又隐约泛着鱼鳞纹路的"鱼皮花生"。如今制作已不采用新鲜的鱼皮了，换成用上等淀粉制作。正宗的鱼皮花生，抓上一把轻轻摩挲，会发出响声。入口喷香酥脆、咸中带甜，是酒桌和茶桌上不可少的搭档。

六月廿八

ggî bê huâ sîng zîn hō pè jiù。

鱼皮花生很好配酒。

释义：鱼皮花生很适合当下酒菜。

雪片糕又叫做"云片糕""丰片糕"，是漳州的传统糕点。它颜色雪白，呈片状，25片一扎，每片长宽一致，薄而均匀，糕片细腻柔软，清甜可口，可以一片片地撕下来品尝。有芝麻和花生两种口味。闽南人赋予其"步步高升"的美好寓意，因此逢年过节，闽南人家都要在茶几上摆一盘雪片糕款待客人。

六月廿九

hǎo jiǔ dǐm àng duè。

好酒沉瓮底。

释义：意指好东西往往
要深入挖掘才能得到。

双糕润，是一种闽南传统糕点，已有170多年历史。因为其创始人叫"祥哥"，这种小点原名就叫"祥哥润"。这种糕点用糯米、花生仁和糖、肥肉丁制作而成，双层粘合，香润可口，所以又唤作"双糕润"（闽南话与"祥哥润"同音）。

六月三十

ziǎ gìn lòng puà wàg。
食紧弄破碗。
释义：着急吃饭，却把碗
打破了。意喻做事要沉
稳，否则欲速则不达。

七月

商勋别墅

闽南一带有一种特别的民俗工艺品，叫"春仔花"。这是一种红艳艳的小头饰，用红丝和金箔纸缠绕铁线制成。"春"在闽南语中与"剩"同音，象征富足有余。在各种节日、祭拜活动、婚礼上，女人们会把"春仔花"别在头上，以此来表达美好的祝福。经过几百年的传承和发展，春仔花现如今衍生出了婆婆花、新娘花、孩童花以及丧事花等十来种，每种代表不同的含义，在不同的场合供不同身份的人使用。

七月初一

àm gông ziào

暗光鸟

释义：本指猫头鹰，现多
指惯于熬夜做事的人。

泉州盛产竹材，其竹编技艺源远流长。泉州竹编起源于新石器时代，兴盛于唐宋时期。竹篮、竹筛、簸箕等应有尽有，是百姓家中常见的生活用品。新时代的泉州竹编突破了"只求实用，不重艺术"的窠臼而重获新生。改良竹编运用各种独特的编织技巧，编织出立体图案花形，再配上颜色并加以磨光，成品精巧雅致、庄重大气、新奇古趣，具有浓郁的泉州地方特色。改良竹编屡获国家、省级工艺美术展嘉奖，也是重要的出口工艺品，长期畅销于国际市场。

七月初二

bbô tâo sín

无头神

释义：比喻做事莽撞，丢三落四。

泉州的刻纸艺术历史悠久，相传始于唐代而盛于宋代，最早刻制的是"红笺""福符"。"福符"一般宽四寸，长六七寸，刻的是麒麟、鲤鱼跳龙门或"福""寿"字样，四周饰以古钱图案。过年时，家家户户将"福符"贴在门楣或春联上端，表达美好的祝愿。后来泉州刻纸更多地与花灯相结合，成为花灯艺术重要的造型手段。到了近代，泉州刻纸运用更为广泛，在陶器、瓷器、刺绣、纸剑等物品上均有体现。泉州刻纸精细秀丽、线条流畅，富有闽南风韵，极富历史、文化研究价值。

七月初二

ggǎo zuè láng

勢做人

释义：善于为人处世，热心周全，博得众人好感或称赞的人。

闽南地区有一种独树一帜的刺绣,那就是"金苍绣"。"金苍绣"是用金丝盘结成各种纹式,再固定到丝绸上的艺术品。其绣线包着金箔,状如金葱,在闽南方言里,"苍"与"葱"同音,因此民间也称其为"金葱绣",后来又雅称为"盘金绣"。这种刺绣多用于宗教用品或是高甲戏、歌仔戏的戏服。金苍绣摆脱了平面化的装饰效果,具有金属浮雕般的厚重质感,无论从技法、色彩,还是图式,都具有浓郁的闽南地域特色。

七月初四

hāng gâo duâ

哄猴大

释义：形容外表看起来很强大，
实质上很软弱的人。

珠绣是一种别致的装饰性手工艺品，采用幼如细沙、五彩缤纷的玻璃珠子和电光胶片，运用十多种特殊的针法绣制而成，其图案具有浅浮雕式的效果。这种装饰常用于拖鞋、服装、头饰、胸针等衣饰上，距今已有一百多年的历史。

厦门的珠绣曾风靡海外，珠绣拖鞋是新娘必备的嫁妆。20世纪20年代，厦门的大同路成了珠绣一条街，商家从海外进口丝绒、玻璃珠等材料，雇请民间艺人制作各式珠绣用品，除内销外，还出口到东南亚一带。如今，珠绣技艺又被运用到了艺术品上，艺术家创作出了精致秀丽的珠绣挂图，在国内和国际市场上屡获好评。

七月初五

gìg gầng bbù

见公母

释义：决一雌雄，一见高下。

花砖，是用水泥制成的用来装饰地面的建筑材料，它最初是舶来品。当年南洋华侨回国后时兴在家乡盖洋房，就将异国他乡的花砖带回了闽南。因为花砖造价高昂，运费不菲，就成了衣锦还乡的象征。简约大方的小方砖，利用图形对称的特点简单拼接在一起，就成了典雅而精美图案。好的花砖不仅耐磨还防潮，正适合闽南相对湿热的气候。到20世纪90年代，闽南地区还有大量商铺和住宅地板铺设水泥花砖，它成为很多闽南人的亲切记忆。

七月初六

huân ā hè、huân ā hân zú

番仔火（火柴）、番仔番薯（土豆）

释义：在闽南话中，许多舶来品的名称前都会加上"番仔"二字，表示从国外引进而来。

农历七月初七是我国的传统节日——七夕节，在闽台地区，这一天又是"七娘妈"的诞辰。闽台民间将七娘妈奉为保佑孩子平安健康的神娘，七月初七就称作"七娘妈生"。这天，有孩子的家庭都要祭祀七娘妈：在家中摆设香案，供上牲礼果品等祭品，每一种祭品都备七份。

　　这一天，台湾民间还要为年满15周岁的孩子举办成人礼。父母领着孩子带着供品到七娘妈庙中酬谢，答谢"七娘妈"护佑孩子顺利度过幼年、童年和少年时代。

七月初七

cīt ggě cuē cît，cī niúg sīg。
七月初七，七娘妈生。
释义：农历七月初七是七娘妈的生日。

传说七娘妈有一位侍女，叫"婆姐"，是守护婴孩摇篮和床铺的神明，被百姓奉为床母。七夕这天，祭拜完七娘妈之后，有幼儿的家庭还要准备芋头油饭或者糖饭到室内祭拜床母，祈祷孩子平安、聪明，健康长大。旧时有新生儿的家庭在孩子出生第三日、第七日、第十四日和满月之日都要祭拜床母，奉上一碗饭、一碗豆腐或者一碗浇了酒的肉，满月的时候则供奉一碗油饭。如今这一习俗已经大大简化，人们只在婴儿满月这天备办油饭，并分给亲朋好友，以此庆贺孩子弥月。

七月初八

ǎ diǒ sín, ǎ diǒ láng。

也要神，也要人。

释义：既要有神力的帮助，
也要依靠自身的努力。

生育从古至今都是一件重大的事情，在闽南，生育方面有诸多禁忌。例如有身孕的妇女家中不能钉钉子，以避免胎儿畸形；孕妇房内的家具也不能搬动，怕触犯胎神；孕妇不能参加红白喜事，也不能使用利器剪裁等。这些旧俗因缺乏科学根据，如今已逐渐摒弃。

七月初九

siāng ciù pǒ ggīg à, ziā zâi bbě bbū sīm。

双手抱孩儿，则知父母心。

释义：指自己当父母后，才更明白
父母养育的艰难和恩情。

在闽南，当孕妇产期将近的时候，孕妇的娘家要准备婴儿的衣裤、肚兜、尿布，还有红鸡蛋、面干或者面线、阉鸡，一起送到女儿家。在漳州，娘家送的红鸡蛋还需要用红布包着，送到孕妇床上才能打开，让鸡蛋滚出来，寓意像母鸡下蛋一样顺利分娩。

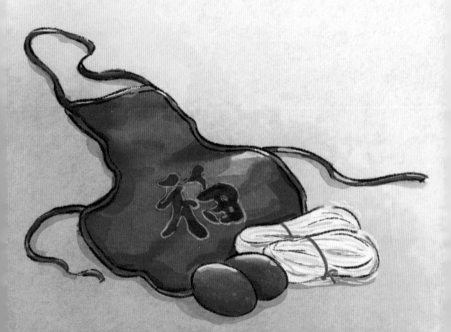

七月初十

ciân gīm lân bbuē giāg sūn ggáo。
千金难买子孙勢。

释义：子孙后代聪明能干是千金不
换的大好事。

产后的一个月是产妇身体恢复的重要时期，闽南人称之为"坐月内"。闽南人非常重视坐月子。旧时在月内期间，产妇的房间必须门窗紧闭，避免受风寒；产妇不能下地、不得碰冷水，不能出房间，整整一个月都必须在房间里静养。在这期间，家人会用老姜做各种菜肴给产妇进补，用桂圆干、红枣、枸杞等食材煮水给产妇饮用，让产妇的身体快速恢复。现在随着卫生知识的普及，一些不科学的孕产风俗已经被科学的做法取代。

七月十一

zît giàg cîng sīm, zuě giàg giō sīm。

一子清心，多子激心。

释义：子女少，父母少操心；子女多，
父母的烦恼也随之增多。

婴儿出生满一个月后就可以办满月礼了。满月这天家里会准备鸡酒祭拜神灵、祖先，还要给婴儿理发，剪去胎毛。同时，这天还要准备油饭送给亲朋好友和街坊邻居，正式公布家里添了新成员。满月送的油饭也略有讲究。油饭即糯米咸饭，做满月的油饭会加入海蛎干、虾米、肉、香菇、葱油，如果是生男丁，就会多加黄豆，如果生了女孩，就不放黄豆。亲友看油饭就知道生男生女了。

七月十二

zâb zàg tàng sîm guāg。

十指通心肝。

释义：儿女都是父母的心肝宝贝。

待婴儿长到四个月大，家长就要给孩子举行收口水的仪式，即"收涎"。母亲会将婴儿抱回娘家，由外婆准备几个"嘭饼"（酥饼）系在婴儿胸前，并在孩子嘴上抹一下，吸掉孩子滴落的口水，以此寄望孩子快快长大成人。操办过这个仪式之后，孩子往往开始尝试添加辅食。

七月十二

gà giàg diǒ tàn ggīn à。

教囝着婴孩。

释义：教育孩子得从婴儿开始，
比喻凡事都得抓苗头。

在幼儿满一周岁时，家人往往会为孩子庆祝生日，闽南称之为"做度晬"。家中要做红龟粿和红鸡蛋馈赠亲友四邻，有的还要设宴请客。这天孩子的外婆要送来面线、新衣服、虎头鞋、天官锁或手镯、脚镯等礼物。孩子换上新衣，挂天官锁，举办抓周仪式。长辈会在孩子面前摆上算盘、书本、笔墨、种子、铜钱、尺等物品，由孩子随意抓取，以此预测孩子将来从事的行业。

七月十四

cī zê, bbuè bé, gāo huāt ggé。
七坐，八爬，九发牙。

释义：这是婴儿发育的规律，七
个月会坐，八个月在地上爬，九
个月就开始长乳牙。

农历七月十五又叫"七月半"，这天闽南有一项重要的民俗——"普度"。普度糅合了道教的中元节和佛教盂兰盆会的民俗。相传每年农历七月，地藏王菩萨会将鬼门打开，放出孤魂野鬼到人间乞食。因此每到七月，闽南人会以街道、村社等为单位轮流普度，在天井或大门外面摆上小桌子，备办酒菜，焚烧金纸，款待孤魂。这一习俗从侧面体现了闽南人的宽容、怜悯之心。

　　这天，九龙江沿岸和台湾地区还有"放水灯"的习俗。即在河边摆上八仙桌，置放贡品，在河里放上用各色彩纸做成的纸船，并点燃船上的蜡烛，希望把水中的亡魂引过奈何桥，并祈求平安。

七月十五

cīt ggě buǎg e ā à, ěm zâi sī wā。

七月半鸭仔，呣知死活。

释义：七月半的鸭子不知死活。农历七月是闽南民间做普度的时候，往往要杀鸡宰鸭来祭拜。这句话比喻死到临头还不以为然。

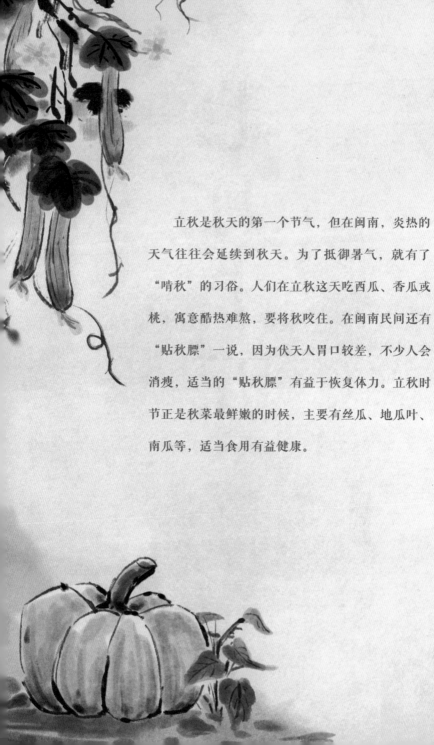

　　立秋是秋天的第一个节气，但在闽南，炎热的天气往往会延续到秋天。为了抵御暑气，就有了"啃秋"的习俗。人们在立秋这天吃西瓜、香瓜或桃，寓意酷热难熬，要将秋咬住。在闽南民间还有"贴秋膘"一说，因为伏天人胃口较差，不少人会消瘦，适当的"贴秋膘"有益于恢复体力。立秋时节正是秋菜最鲜嫩的时候，主要有丝瓜、地瓜叶、南瓜等，适当食用有益健康。

立秋（于每年公历八月六 — 九日交节）

lâk ggē lîb ciū gīn liû liū,
六月立秋紧溜溜，
cīt ggē lîb ciū ciû ǒo yóu。
七月立秋秋后油。

释义：若立秋在农历六月，天气很快就会转凉；若立秋在农历七月，则秋后反而燥热。

南普陀寺坐落在厦门大学思明校区旁，背靠五老峰，是闽南乃至全国闻名的佛教寺院。南普陀始建于唐代，清康熙年间重建，因其与普陀山普济寺一样主祀观音菩萨，又地处普陀山之南，故名南普陀寺。整座寺院气势宏伟，各殿错落有序。寺内存有不少名贵文物，例如明万历年间的血书《妙法莲华经》和何朝宗名作白瓷观音等。南普陀寺内还有众多名人石刻，也是寺内的一大亮点。

七月十七

lâm poō dó ê sò biàg zîn hō ziā。

南普陀的素饼很好吃。

泉州市著名的西街上坐落着福建省内规模最大的佛教寺院——开元寺。它是中国东南沿海重要的文物古迹。该寺始建于唐初垂拱二年（686），传说当年泉州巨富黄守恭梦见自家桑园内长出莲花，遂舍桑园建寺，初名"莲花寺"。开元二十六年（738）更名开元寺。

　　开元寺的山门与天王殿合二为一，殿内石柱上悬挂朱熹所撰对联"此地古称佛国，满街都是圣人"，为近代弘一法师所题。寺内的大雄宝殿前东西两侧分置镇国塔、仁寿塔两座石塔，俗称东西塔。

七月十八

bbû sām būk sîg lè。

无三不成礼。

释义：中国人对数字"三"情有独钟。如鞠躬要三次，拜佛要点三炷香，结婚要三拜等。

南山寺位于漳州九龙江南岸，是闻名海内外的千年佛教寺院。整座寺院坐南朝北，规模宏大，占地面积约4万平方米。其中轴线上自北而南依次为山门、天王殿、大雄宝殿和法堂。在大雄宝殿的左侧有一个石佛阁，阁中有一巨大的石笋，高5丈有余，大半埋在地下，露出地面仅2丈左右。这座石笋被雕成弥陀佛像。佛像高达一丈六尺，造型端庄，是唐代艺术珍品。另有弘一法师手书的"妙相庄严"匾额悬于殿堂之上。山门上则悬挂着明末乡贤、学者黄道周所书匾额"南山寺"。

七月十九

bîng sí zāo pâ pā, kō cǐ pǒ bûk kā。

平时走趴趴，考时抱佛骹。

释义：平时不努力，到处去玩，考试前才求神拜佛。

除了著名的开元寺，泉州还有一座崇福寺。崇福寺始建于北宋初年，元末毁于大火，不久复建，明代以后又屡经修葺，现存大殿及后殿系清代末年重修。这座崇福寺历史上曾以"大洪钟"闻名遐迩，"崇福晚钟"即古泉州八景之一。现存的大洪钟铸于明洪武二十年（1387），由住持和尚警凡募化资金铸造。大洪钟高六尺，圆径三尺八寸，重八百公斤，用纯铜1600余斤铸成，铜质清纯，钟声洪亮，相传可传至十里之外的洛阳桥。

七月二十

būk kò gēng, láng kò zēng.

佛靠扛，人靠妆。

释义：菩萨靠人抬，要有信众才显灵，人要打扮才好看。

在泉州南安峻峭的杨梅山上，隐藏着一座雪峰寺。这座寺庙始建于唐代，据历史记载，为唐代高僧义存大师得道之处，由此成为闽南名刹。这里山川优美，景色别致，是引人入胜的游览胜地。这里以四景八趣而闻名。四景即"洗心泉""缓步径""芭蕉阪""山月楼"；八趣为"晴窗晓日""花坞晓雾""萝薜凝烟""北牖凉风""苔阶邑露""山楼夜月""石窦鸣泉""香庭蕉雨"。历代诗人游山览寺题咏颇多。

七月廿一

ō hún bê ziǔg suāg, zāng suē tê lái muāg。

乌云飞上山，棕簑提来披。

释义：乌云上山头，雨披拿来遮。

在泉州古城繁华的涂门街上，有一座声名远播的关帝庙，称作通淮关岳庙，有近千年的历史。庙内主祀关羽，同时附祀岳王，是国内少见的祭祀关羽和岳飞于一祠的庙宇。庙内保存着朱熹手书的"正气"和明代书法家张瑞图书写的"充塞天地"等巨幅名匾，更有历代文人名士留下的石刻、楹联，文化内涵丰富。

七月廿二

cuǐ liǎm ā mì doǒ hūk, ciù tē bbē kāo dō。
嘴念阿弥陀，手拿尾口刀。

释义：嘴上念佛，手中却提刀伤人。形容表里不一。

白茅根，闽南民间俗称茅草根。生于路旁、山坡、草地。根、茎及花可入药，根茎秋季采挖为佳，花盛开前采收，晒干。中医认为，白茅根可以清热利尿、凉血止血、生津止渴。闽南民间用它来治疗急性肾炎、湿热黄疸、鼻衄、肺热咳血、血小板减少性紫癜、咽喉肿痛、热病烦渴、尿路感染、尿血、麻疹透疹后身热不退、刀伤出血等病症。

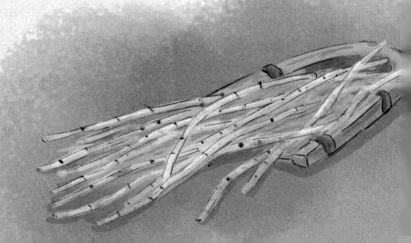

七月廿三

ém à câo gūn zīn tè hè。
茅草根很退火。

凉粉草，闽南民间俗称仙人草、仙草。生于山坡、水沟边湿地或靠人工栽培。夏秋采收，鲜用或晒干。凉粉草是一种重要的药食两用植物，全草含多糖，有消暑、清热、凉血、解毒功效，民间常用其茎加水煎煮，再加稀淀粉制成冻食用，俗称"仙草冻"，是消暑解渴的极佳食品。

七月廿四

ā à tiâg luí——tiâg bbó。

鸭仔听雷——听无。

释义：鸭子听雷鸣，听不懂。

车前草，闽南民间俗称五更草。民间向来把车前草当作野菜食用，而它同时也是一味良药。车前草有清热解毒、利水祛湿、化痰止咳、平肝明目的功效，常用于治疗急性肾炎、急性支气管炎、湿热黄疸、暑湿泄泻、尿道炎、血尿、疔疮疖肿、外伤出血等病症。

七月廿五

qîg mîg guē dōk diǒ táng——cào dū kàm

青盲鸡啄到虫——凑巧

释义：瞎眼的鸡吃到虫子，那是凑巧。

金银花，闽南民间俗称银花，忍冬藤。金银花全株都可入药，是名贵的中药材。它具有清热解毒、抗菌消炎、保肝利胆的功效。金银花对葡萄菌、痢疾杆菌、肺炎双球菌都有抑制作用，还能与胆固醇进行中和，从而减少肠道对胆固醇的吸收。临床用于治疗呼吸道感染、头痛、咽痛、肺炎、冠心病、高血脂等症。

七月廿六

goò bbě tíng ，ló sîng pâ——qiūg tâo zíng。

鼓未停，锣先拍——抢头前。

释义：鼓还没敲，锣先打起来。形容爱出风
头，好表现。

鱼腥草，闽南民间常用的青草药，因全株具有特殊鱼腥味而得名。它生于田野路旁，坑沟边阴湿之处。地下茎蔓延繁殖，地上茎带红色。全草可以入药，夏秋采收，鲜用或晒干。鱼腥草具有利尿通淋、化痰、止咳、清热解毒的功效，闽南民间常用于治疗肺结核、肺炎、中暑、痢疾、肠炎腹泻、咽喉肿痛等症。

七月廿七

guê cuǐ biàn à cuǐ──bbô wě gòng

鸡嘴变鸭嘴──无话讲

释义：鸡嘴是尖的，鸭嘴是扁的，嘴尖多言，嘴扁寡语，原先滔滔不绝，理亏之下，一时语塞，像哑巴那样无话可讲了。

酢浆草，闽南民间俗称"咸酸甜"，路边时常可以看到。叶互生，呈倒心形，开黄色或紫色小花。醉浆草味酸，微咸，性凉，具清热利湿，散瘀消肿，凉血解毒的功效。闽南民间常用于治疗肺热咳嗽、咽喉肿痛、新旧跌打损伤、尿路结石、痢疾、肠炎等症状。孩子们也常摘来玩游戏。

七月廿八

guê à bê jiǔg qiû——gē jiào

鸡仔飞上树——假鸟

释义：假鸟与"假鸟牙"同义，"鸟牙"即强嘴、多嘴的意思，常用以讽刺那些不了解情况乱发表意见的人。

在闽南人的记忆中，炎热的夏天里总少不了甜滋滋的冬瓜糖和清凉的冬瓜糖水。冬瓜糖是用去皮的冬瓜肉制成的。先将冬瓜切成手指粗的小条，经过特殊处理后再用冰糖和白砂糖腌制。冬瓜糖具有化痰止咳、生津止渴的功效，吃起来非常甜，深受孩童的喜爱。若是把冬瓜糖泡在凉白开里，就成了冬瓜糖水，味道清甜可口，具有利尿降火的功效，特别适合夏季饮用。

七月廿九

gè diǒ hō āng ziǎ bbuě kāng,
嫁到好丈夫吃不空,
gè diǒ pāi āng zît sì láng。
嫁到坏丈夫艰苦一世人。

释义：嫁得好吃穿不愁，嫁得不好辛苦一辈子。告诫女子择偶要慎重。

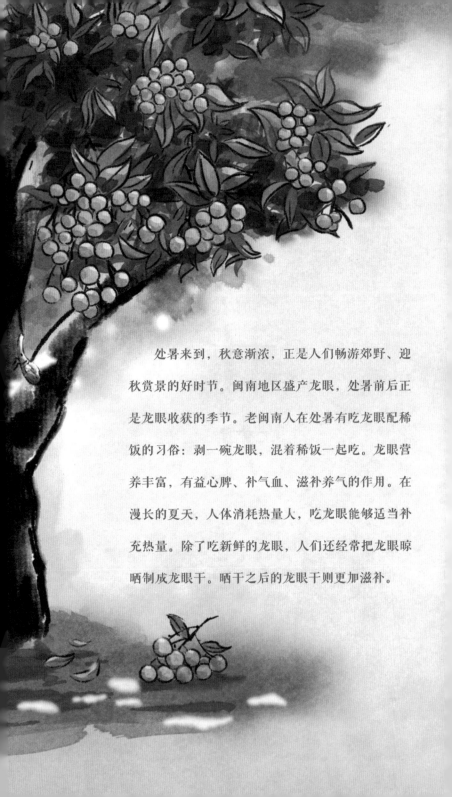

处暑来到，秋意渐浓，正是人们畅游郊野、迎秋赏景的好时节。闽南地区盛产龙眼，处暑前后正是龙眼收获的季节。老闽南人在处暑有吃龙眼配稀饭的习俗：剥一碗龙眼，混着稀饭一起吃。龙眼营养丰富，有益心脾、补气血、滋补养气的作用。在漫长的夏天，人体消耗热量大，吃龙眼能够适当补充热量。除了吃新鲜的龙眼，人们还经常把龙眼晾晒制成龙眼干。晒干之后的龙眼干则更加滋补。

处暑（于每年公历八月二十二 —— 二十四日交节）

cù sù cūk duǎ līt, qiū huâg pâk sī zît。

处暑出大日，秋旱曝死鲫。

释义：处暑时节若是大晴天，连河里的
鲫鱼都要曝晒而死。

八月

南普陀

鼓浪屿坐落在厦门的西南角，与厦门岛隔海相望。这是一座宁静美丽的小岛，融历史、人文和自然景观于一体，是厦门的一张烫金名片。

　　鸦片战争爆发后，厦门成为通商口岸，外国殖民者陆续在鼓浪屿上建造各种居住的洋房，以及教堂、教会学校、教会医院、领事馆等。除此之外，一些衣锦还乡的归国华侨也纷纷到岛上建造规模宏大的住宅。因此鼓浪屿上的建筑风格多种多样，有"万国建筑博物馆"之称。

　　漫步在鼓浪屿的小巷，你会听到悠扬的琴声。这座不到2平方公里的小岛上，有100多户钢琴世家，并拥有钢琴博物院、音乐厅、音乐学校、交响乐团等音乐设施和机构，涌现出包括殷承宗在内的诸多钢琴家和作曲家，因此又有"音乐之岛"的美称。

八月初一

ciāg bbêng, kī goō lông sû bbē kī dō lò zě zún?

请问，去鼓浪屿要在哪坐船？

日光岩是鼓浪屿的最高峰，由两块巨石一竖一横相倚而立形成，是俯瞰鼓浪屿全岛的最佳观景点。站在日光岩上，鹭江两岸的风光尽收眼底。

　　日光岩俗称"岩仔山"，别名"晃岩"。相传1641年郑成功来到晃岩，看到这里的景色胜过日本的日光山，便把"晃"字拆开，称之为"日光岩"。

八月初二

 lîk gông ggiám, ǎ giò ggiâm ā suāg。

日光岩，也叫作岩仔山。

鼓浪屿上名人辈出，林尔嘉就是其中一位。林尔嘉的父亲是有名的富商，甲午战争后，林父不愿做日本顺民，举家迁居鼓浪屿，于1913年在岛上修建了私人别墅——菽庄花园。菽庄花园面向大海，背倚日光岩，利用天然地形巧妙布局，将海波纳入园中，将小山藏在园内，景致错落有序。

林尔嘉热心支持地方公益事业。他先后创建和捐助了厦门师范学堂、漳州师范学校、华侨女学、厦门同文书院等。他学识广博，热爱诗词，常邀社会名流到菽庄花园吟诗作赋，并汇集刊印了菽庄丛刻八种和鹭江名胜诗抄等6部地方文献。1951年林菽庄先生逝世，他的夫人把菽庄花园献给了地方政府。

八月初二

qiân ggún bbuē cǔ, bbǎn ggún bbuē cù bīg。

千银买厝，万银买厝边。

释义：千金难买好房子，万两难觅好邻居。

鼓浪屿上有一座著名的毓园，即林巧稚大夫纪念园。林巧稚1901年出生在鼓浪屿，20岁时考入北京协和医科大学，从此走上医学道路，为妇女儿童的健康倾注了毕生精力。她一生亲自接生了5万多名婴儿，为无数妇科患者治疗，为祖国培养了大批医学人才，而自己却孑然一身。

　　毓园之"毓"，就是培育养育之意。毓园中立着林巧稚大夫的汉白玉雕像。园中有两株南洋杉，是邓颖超同志亲手栽种的，象征着林大夫秀逸高洁的品格。园内设有林巧稚生平事绩展览馆，展出其生前用过的部分实物。

八月初四

siân sîg yán, zū lâng hôk.

先生缘，主人福。

释义：原指久治不愈的病人碰上医术高明的医生而痊愈，现也泛指某些事情得益于机缘巧合而获得成功。

林语堂是我国现代著名的作家、语言学家、翻译家、学者，祖籍福建漳州。他与鼓浪屿也有着割不断的缘分。

　　在鼓浪屿的漳州路上有一座廖家别墅，约建于19世纪80年代。这是一座U形的欧式别墅，地面有两层，地下一层防潮层，正面有七个拱券柱廊，中间的拱廊通过长长的二十一级花岗岩台阶连接路面。别墅的主人是福建籍的印尼华侨廖悦发。廖悦发在异域他乡通过打拼积累财富，于20世纪初买下了这栋别墅。1919年，廖悦发的二女儿廖翠凤与林语堂先生结为伉俪，二人的婚房就在这座别墅右侧的房间。百年之后，廖家别墅因林语堂而闻名，这桩美好的姻缘为廖家别墅更添浪漫传奇色彩。

八月初五

láng lěng kā, zíg sì kā.

人两脚，钱四脚。

释义：钱长了四条腿，而人只有两条腿，追赶不上。劝人树立正确的金钱观，生财有道。

谈到鼓浪屿的发展建设，就不能不提著名的爱国华侨企业家黄奕住。黄奕住1868年出生于福建南安，年少时只身下南洋闯荡，靠勤劳的双手和灵活的商业头脑积攒下巨大的财富。1919年，黄奕住回国定居鼓浪屿，并从这里把他的生意版图辐射到全国各地。

1921年，黄奕住携诸多金融人才在上海创办了中南银行，在近代中国颇具影响力。1922年，中南银行厦门分行在鼓浪屿龙头路商业街开业。这座建筑高三层，砖混结构，建筑造型简洁，颇具时代特色。除此之外，黄奕住还在厦门创办了自来水公司、电话公司、房地产公司等，大大解决了厦鼓两岸居民的用水、通信等民生问题。

八月初六

bbô zíg gē duǎ kāng。

无钱假大康。

释义：没钱又装成慷慨大方的样子。

指有些人死要面子，爱慕虚荣。

到鼓浪屿看万国建筑，看的是两大主题：租界建筑和华侨建筑。鼓浪屿上有13国的领事馆，以及209栋重点历史风貌建筑。其中的海天堂构被列为鼓浪屿十大建筑之一。

海天堂构是由菲律宾华侨黄秀烺和黄念忆于1920年到1930年间改建成的大型宅院。这座宅院原本是外国人的俱乐部，整个建筑群由四座殖民地外廊风格的洋楼和中西合璧的中楼组成。门楼是典型中国传统式样，重檐斗拱、飞檐翘角；前后两侧的楼宇普遍采用古希腊柱，窗饰大都为西洋风格，但墙面与转角又是中国雕饰，堪称鼓浪屿中西合璧的代表性建筑。

八月初七

zâb zàig cēng cût, bbô bîg déng.

十指伸出，无平长。

释义：十个手指不一般长。意指世上
事务难以十足平等。亦指同胞兄弟姐
妹各有不同的人生。

在海天堂构的对面坐落着黄荣远堂，亦是鼓浪屿十大别墅之一。

黄荣远堂为西洋风格建筑，设有多处高挑的廊柱，用整条花岗岩雕刻而成，建筑外观雪白，恢弘典雅。别墅的外围设有亭台假山，在古树的掩映下彰显气派。黄荣远堂始建于1920年，原是菲律宾华侨施光铭兴建的产业，后于1931年转让给归国华侨黄仲训。黄仲训家族产业的管理公司名号是"黄荣远"，因此这座建筑得名"黄荣远堂"。

新中国成立初期，黄荣远堂曾作为"鼓浪屿南乐社"的聚会演出剧场；2017年被布置为中国唱片博物馆，成为我国第一个国家级的综合性唱片主题博物馆。

八月初八

bbū gû lîb sîn cǔ zā ě bǔ。

母舅入新厝则会富。

解释：闽南人新房子落成要请母舅
到家做客，认为请母舅则将来生活
富裕。其实就是家和万事兴。

在鼓浪屿泉州路，有一座赫赫有名的金瓜楼。这是一座三层楼的大别墅，左右两侧的楼顶形似两个橙红的大南瓜（闽南话称南瓜为"金瓜"）。这座楼建于20世纪20年代，建成不久就被菲律宾华侨黄赐敏（祖籍福建龙海）买下，从而得名"黄赐敏别墅"，俗称"金瓜楼"。金瓜楼也是一座中西合璧的别墅，楼体颇有欧式的风格，梁柱和门楣装饰有中式的花卉、禽鸟和植物浮雕，楼顶的"金瓜"八条瓜棱金光闪闪，在阳光下熠熠生辉。

八月初九

gîm guē lâo ĕ dīg, bĕ căi yoŭ ĕ lûn。

金瓜老的甜，白菜幼的嫩。

释义：南瓜要选熟透的，白菜要选鲜嫩的。

在漳州的东山岛，最负盛名的景观要数铜山风动石了。铜山风动石被誉为天下第一奇石。这块巨石上尖底圆，像一颗仙桃，高4.37米，重量达到200吨，巍然摆在铜山古城内的一块磐石上。巨石和石崖的接触面仅有巴掌大，每当海风强劲时，巨石就会微微晃动，所以叫"风动石"。

八月初十

dǎg zuì dǎg ziō——bě dǎg

担水担石——白担（白礁）

释义：在闽南话中，"白担"与"白礁"读音相近。白礁在角美，是保生大帝吴本的出生地。

南门湾原是东山岛上的一个平凡的渔港，因为电影《左耳》而被大众所熟知。蜿蜒的南门海堤守护着古朴的渔村。其实，浪漫的南门海堤不仅是停泊渔船的港湾和网红的打卡点，更是东山人民的生命堡垒。

　　东山岛地处我国东南沿海，年年饱受台风侵袭，曾多次遭受严重的生命、财产损失。1962年，福建省委书记叶飞在东山县委书记谷文昌的陪同下视察东山，决定在南门湾建造海堤。海堤历时1年竣工，保护了2200亩农田，和1300多户居民。在随后的几十年中，政府又多次对南门海堤进行了改造和加固。如今的南门海堤，成了守护铜陵百姓的幸福堤。

八月十一

日积月累

gǔn kuē dà bbô zún。

近溪搭无船。

释义：离溪边很近，却搭不到船。常
用来指家住得近，却容易迟到。又指
具备有利条件，反而错失机会。

游客来到东山岛，除了观赏神奇的风动石、漫步南门湾、品尝优质的海鲜之外，还可以探访神秘的鱼骨沙洲。所谓的鱼骨沙洲，就是退潮后大海中出现的带状沙滩，形似鱼骨。在东山岛的岐下村就可以见到这样的奇景。涨潮时沙滩被海水覆盖，退潮时逐渐显现。站在沙洲上向四面望去，周身都是大海，宛若天际。然而这样的景观会随着潮涨转瞬即逝，想要见到需算准退潮的时间。

八月十二

hî gûh suâ ziū sĭ dâng suāg ê zît duă gî guān。

鱼骨沙洲是东山的一大奇观。

20世纪70年代，地质学家在福建漳浦发现了滨海火山地质地貌景观，这里罕见的火山地质地貌景观引起了国内外地质学者的关注。21世纪初，漳浦县围绕着火山地貌景观建成了火山岛自然生态风景区。景区内保存了几百万年前留下来的火山地质遗迹，火山熔岩、火山喷气口、心型熔岩平台等，还有造型奇特海岸礁石，堪称世界奇观。如今，这里还增设了彩虹山、泡泡屋、缤纷热气球等旅游景观。湛蓝的大海、独特的自然和人文景观，吸引着八方游客。

八月十二

ziâg ziu hē suâg dò sǐ zît lē hīb siǒng ê
漳州火山岛是一个拍照的
hō soō zâi。
好所在。

在福建龙海的镇海村，有一处镇海角，虽然没有豪华的旅游设施，却广受旅友的追捧。这里三面环海，只留一条细长的小道连接村子。在这里可以尽情拥抱大海，观赏绝美的日出和日落。这里保留着乡村的风貌，草地广阔，牛羊星星点点，如同世外桃源，因此被誉为福建"小垦丁"。

八月十四

loô dǐ cuì bīg

路在嘴边

释义：指不懂的事须不耻下问，
才能获得学识和进步。

　　八月十五日中秋节是阖家团圆的日子，在闽南，中秋节甚至比过年还热闹。

　　进入农历八月，闽南的大街小巷就会响起叮叮当当的博饼声。中秋博饼是闽南地区几百年来独有的传统活动。相传这是郑成功囤兵鼓浪屿时为解士兵的思乡之情而发明的游戏，用六颗骰子投掷组合来决定获得的奖品，讲究的就是博一个好彩头，求得一年的好运。

　　除了博饼，闽南人中秋同样要拜月、赏月、吃月饼，一些地方还有听香的习俗，即焚香向神明祷告问卜，而后手持香炉走到人群中，聆听第一句入耳的话，以此占卜，具有游戏的意义。

八月十五

diông qiû ziê dào dîn buǎ ziǒng wán。
中秋节斗阵博状元。

白露时节，农作物即将成熟，"秋老虎"也将退去。闽南人好茶，在秋高气爽、丹桂飘香的白露节气，就要喝白露茶。所谓白露茶，就是白露时节采制的茶叶，也叫"小秋茶"。白露茶不像春茶那样娇嫩苦口，也不像夏茶那样干涩，味道更加甘醇。喝白露茶可以解秋乏、润燥平津，有益身心。

白露（于每年公历九月七 — 八日交节）

bě loô mài loǒ sīn, zā wǎg diǒ dîng líng.

白露勿露身，早晚要叮咛。

释义：白露过后天气慢慢转凉，不要
再打赤膊，容易受风寒。

在厦门的筼筜湖畔，有一座南湖公园，虽不是风景名胜，却也是市民周末假日踏青的好去处。每当春暖花开或秋高气爽的时节，公园的大草坪上总有孩童们聚在这里放风筝，嬉笑声不绝于耳。近年来，公园内新引进的落羽杉更吸引了众多游客的目光。深秋时节，橙红的落羽杉亭亭玉立于碧绿的湖畔，给四季常青的厦门增添了一抹浪漫的色彩。

八月十七

bài lāk wǔ íng,
礼拜六有闲，
lān kī lâm oô gông héng bàng hông cē。
咱去南湖公园放风筝。

三角梅是厦门的市花，"含蕊红三叶，临风艳一城"。在厦门温润的气候条件下，三角梅四季花开不断。而观赏三角梅的最佳地点，要数梅海岭。梅海岭位于厦门的东坪山上，这里的三角梅漫山遍野，绚烂如霞。这里栽种着1万多株三角梅，含50多个品种，除了常见的玫红色三角梅，还有白的、橙的、粉的……许多品种别处难得一见。走在山路上，如同置身于缤纷的花海，美不胜收。

八月十八

sâg gōk muí sǐ ě méng ê cǐ huē。

三角梅是厦门的市花。

水往低处流，球往低处滚，这是生活常识。但厦门文曾路上的一处怪坡却颠覆了人们的认知。在这处坡道上可以体验汽车熄火自动上坡，自行车不用脚蹬自动爬坡。其实，这是周边参照物造成的视觉差欺骗了人的眼睛。好奇的市民和游客会来这里体验"神奇的怪坡"，而每逢春季，道路两旁的梅花、樱花、李花、桃花更是引得游人如织，十分热闹。

八月十九

厦门园博苑是2007年第六届中国国际园林花卉博览会的举办地，位于杏林湾，总面积10.82平方千米。它以广阔的杏林湾水域为背景，由五个展园岛、四个生态景观岛和两个半岛组成，形成众星拱月的多岛结构，园在水上、水在园中。

　　园中的标志性建筑是闽台岛上高耸的杏林阁，以及位于中华教育园的水上"月光环"。杏林阁是一座中国古塔，高约50米，古色古香，典雅大方，登顶可以总揽全园的美景。每当夜幕降临，杏林阁在灯光照耀下金光闪闪，而水上的月光环则开始上演璀璨的灯光秀：在悠扬的乐声中，杏林湾升起"明月"，灯环中变换着光彩夺目的画面，合着音乐节拍共舞，美轮美奂。

八月二十

zě dě tî yī hǒ suǎg ě gào hêng pōk wàn。

乘坐地铁1号线就能直达园博苑。

在厦门，想要一次逛遍"八山三水"，山海健康步道就是最佳的选择。厦门的山海健康步道东起于东渡邮轮码头，西至观音山梦幻沙滩，全长23公里，沿线串联狐尾山、仙岳山、虎头山、观音山、湖边水库、五缘湾等厦门著名的山山水水，形成了贯穿本岛东西方向的山海步行走廊。步道全程设置了14个驿站，12个特色景观园区，4个观景平台，林中段每300米设置1处休憩点，一站一景，让市民游客能够遍阅鹭岛美景。

八月廿一

ciû duâ yàg duâ

树大影大

释义：树大好乘凉。意指家族如同
参天树，使每个族人受到庇荫。

在泉州晋江，有一座有名的华侨之乡，叫梧林传统村落，这里汇集了两百多栋百年建筑，建筑风格涵盖了闽南本土的官式大厝和各式中西合璧的洋楼。这些饱经风霜的建筑，承载着一代又一代梧林华侨的乡愁。

梧林村落形成于明洪武年间。清末，这里开始有人旅居海外，随后陆续有海外华侨回国建造精美的洋楼。后来村庄规模逐渐扩大，建筑风格亦逐步多元化。2016年，梧林村被国家住建部列入中国传统村落名录。

八月廿二

 woô bbǐn cāt

乌面贼

释义：形容看不清底细的事物。

泉州有三大湾：泉州湾、围头湾、湄洲湾，其中重要的一环就是围头湾。围头湾与金门岛隔海相望，海阔水深，是天然避风良港，是泉州最早的对外贸易港口之一。早在南宋时期，泉州开始发展对外经济贸易时，围头湾就被誉为"东海明珠"。而明清以来，随着海上贸易日渐衰弱，许多人便从这里出发，到海外谋生，因此，围头又成了著名的侨乡。

　　今日的围头湾依然是重要的港口，拥有现代化的万吨级码头，每年有近50万吨的货物在它的怀抱自由吞吐。

八月廿二

huān oō huān bē

反乌反白

释义：一会儿说黑，一会儿说白，指出尔反尔。

闽南的小吃多种多样，其中漳州人尤其注重饮食，讲究食材的原味。漳州有一种特色早点叫生烫。所谓“生烫”，就是把生的食物烫熟。烫料很多，比如瘦肉、鸭胗、猪肝、腰花、青菜等，不一而足，再淋上大骨汤底，还可以加面条、粉丝等主食。生烫味美清淡，追求食材的新鲜口感，区区几秒，就可以烫出一份美味早餐，深受闽南人的喜爱。

八月廿四

ziǎ ziò wǔ zû bbî, ziǎ zuê bbô kāo bbî。

食少有滋味，食多无口味。

释义：东西少吃颇有滋味，吃多了
就觉得腻。指做事情要适可而止，
否则过犹不及。

猫仔粥是漳州的传统小吃。它以米饭、海鲜、家禽肉等为原料熬制。粥清见底，清鲜醇美，风味独特。

　　相传闽南有位厨师为财主家掌勺婚筵，忙碌一天后想起家中坐月子的妻子还没吃饭，就偷盛了半碗米饭，又匆匆地抓起灶台上的肉片、鱼片、虾仁、香菇等，为妻子煮了一碗粥，正要带回去，不巧被财主撞见。厨师急中生智，说这是给猫做的粥。财主见碗中的粥五颜六色，香气扑鼻，忍不住尝了一口，竟赞不绝口。就这样，厨师歪打正着，创制出了这道粥品，并以猫仔粥的名字流传开来。

八月廿五

ziǎ bêng hông dè duâ。

吃饭皇帝大。

释义：意指吃饭是生活中的一件大事。

三合面是一款泉州传统小吃，形同米糊，主要由面粉、白糖、白芝麻、红葱头和食用油精制而成。将食材研磨后与面粉混合，吃的时候烧上一壶开水，一边加水一边用勺子搅动至绵稠，香甜浓郁，入口即化。

　　相传明代倭寇入侵泉州，戚继光率军抗击倭寇。地方百姓为戚家军准备干粮。百姓们把炒熟的葱头、芝麻、白糖掺入面粉中，以便战士们随身携带，当时俗称"布袋炒面"。后来制法逐步提升，流传至今。

八月廿六

ziǎ bbó tàn suē wàg。

食无趁洗碗。

释义：吃不到东西，却得洗碗。

比喻捞不到好处，反而费工夫。

扁食是厦门常见的早餐之一。在其他地区，它也被叫作馄饨、云吞、抄手、扁肉等。虽然都是皮包肉的点心，厦门扁食的皮和馅儿却都有闽南独特做法。扁食馅是猪后腿肉打成的肉糜，其细腻度与手打肉丸不相上下，口感紧实鲜美。清晨来一碗清淡鲜爽的扁食，与浓郁的拌面搭配，是最经典的早餐搭档。

八月廿七

lāo bàn, wā bbē zît hǔn biān sît mî.

老板，我要一份扁食拌面。

　　秋分是硕果累累的好时节。闽南俗话说"秋分北风，热到脱壳"，意思是秋分这天的风向预示着当季的气候，如果吹的是北风，那还等不到凉爽的天气，热才是闽南秋天的主题。不过这一时节物候已开始发生变化，因而就有了"白露水毒，秋分暝冷"的说法：此时江、河、井、塘里的水寒气较盛，不可轻易下水，以免寒邪乘虚而入。所以就算天气尚热，也应当注重养生。

秋分（于每年公历九月二十二 — 二十四日交节）

 ciû hūn bâk hōng, luǎ gū tèng kâh.

秋分北风，热到脱壳。

释义：秋分吹北风，热到蜕层皮。

油葱粿是旧时闽南街头巷尾十分常见的点心，也称碗仔糕，是一种用粳米浆做成的米糕。选用上等粳米磨浆，盛入小碗中，加入瘦肉蓉、干贝、虾米、荸荠丁、卤蛋等，放入蒸笼中旺火蒸熟。吃的时候用一支小小的竹签划开，浇上沙茶酱、甜辣酱、蒜蓉等佐料，咸香满溢，软滑爽口。

八月廿九

bbuě huí ziǎ kî, bbuě ciō kùn yì.

卖瓷食缺，卖席睏椅。

释义：卖瓷器的使用有缺口的破碗，卖席子的却睡在椅子上。指某些人勤俭节约，连自己的劳动果实都舍不得享用。

甜粿是闽南人家新春时节必不可少的时令小吃，也就是年糕。它以优质糯米为主要原料，形似满月，清甜可口。闽南甜粿有黄白之分，白甜粿中添加的是白糖，而黄甜粿中加入的是黑糖。许多甜粿还会加上些许红枣和花生仁，增加丰富的口感。最常见的食用方法是，先切成小块，在表面抹上蛋液，用平底锅慢火煎软，吃起来喷香软糯。

八月二十

gōng déng gong dè, gōng ziā suà bbè。

讲长讲短，讲吃续尾。

释义：民以食为天，闲谈到无话题可
说，最后总以谈论食物来结束话题。
这亦是人生畅谈的一种乐趣。

开元寺

九月

梨园戏是闽南的传统戏曲之一。它孕育于泉州，流传于泉州、漳州、台湾，乃至潮汕地区，也颇受东南亚华侨的欢迎。

梨园戏用闽南方言演唱，其音韵保留了许多古汉语，有的剧目还保留了一些地方土音和古音；其结构形式为曲牌体，现存200多支曲牌，其中不少延用了唐宋时期的曲牌，如《长相思》《踏鹊枝》等，因此梨园戏与浙江的南戏一并被誉为"古南戏活化石"。梨园戏的传统剧目都是文戏，没有武打的场面，整体表演风格优雅而细腻，颇有法度。

九月初一

būn duě hǐ pāi zuě。

本地戏难做。

释义：本地戏难演。意为本地干部难开
展工作。

高甲戏是闽南地区的主要戏曲剧种之一，又名"九角戏""九甲戏"等。它最初起源于明末清初闽南农村流行的一种装扮成梁山好汉来表演武艺的化装游行。每逢迎神赛会、喜庆节日，乡间民众就会打扮成梁山英雄，表演各种人物故事，敲锣打鼓，热闹非凡。起初表演题材局限于宋江故事，因此被称为"宋江戏"，后来宋江戏又吸收了四平戏、梨园戏、木偶戏、徽剧等诸多剧种的表演程式、唱腔和剧目，不断丰富和发展，形成了现在的高甲戏。

九月初二

gân sín bbô sì, hì bîg kā láng êm suǎg。

奸臣无死，戏棚骹人怀散。

释义：奸臣未死，戏迷不散。

打城戏又称法事戏，是在僧人、道士超度亡灵的仪式基础上发展起来的地方戏曲剧种，流行于闽南和台湾地区。打城戏一方面具有闽南的民间艺术特色，另一方面又带有浓厚的宗教遗韵。最具特色的莫过于表演过程中展现的特技、杂耍、舞蹈等绝活，还有诸如吃纸吐火、上刀床、下油锅等魔术，表演手段丰富多彩。打城戏的音乐大量吸收了木偶戏的曲调，剧目则以神话剧、历史剧、武侠剧为主。2008年，打城戏被列入国家级非物质文化遗产名录。

九月初二

pāi hǐ tuā bíg。

歹戏拖棚。

释义：难看的戏拖泥带水。形容言之无物的话语总是浪费时间。

布袋戏是一种用布偶来表演的传统地方戏剧，主要流传于闽南、潮汕、台湾地区。布袋戏的人偶头部、手部、足部是用木头雕刻成的，身体部分是个布套，外边套着戏服。表演时艺人将手插入布套中，用手掌和手指控制布偶做各种动作。技艺高超的艺人可以操控布偶做出开扇、舞剑、搏杀等高难度动作。

　　布袋戏还分为南派和北派：泉州的布袋戏擅长文戏，用泉州腔口白表演，属于南派；漳州布袋戏采用锣鼓、唢呐等乐器伴奏，以武戏为主，为北派布袋戏。

九月初四

cǐ niāo cù gǎ boò dê。

饲猫鼠咬破布袋。

释义：养老鼠咬破自家布袋。
比喻自讨苦吃或招来祸害。

木偶戏也是在闽南颇受欢迎的剧种，又被称为"嘉礼戏"。"嘉礼"意思是隆重嘉会上的大礼。闽南民间每逢嫁娶、添丁、新房落成等喜庆场合，往往会演嘉礼戏。

闽南的木偶戏多为提线木偶，即以线索牵动木偶，做出各种精细的动作，甚至表情神态。历经千年的传承，闽南的嘉礼戏逐渐形成了一套成熟的操线功夫和精巧绝伦的木偶头雕刻技艺，以及700余出传统剧目。剧目中保存着诸多闽南方言、语汇，是研究闽南文化、闽南方言的珍贵史料

九月初五

gâ lē hǐ lî diǒ kī kuàg mâi。
木偶戏你要去看睐。

释义：木偶戏你要去看一看。

闽南的提线木偶制作精美，尤其是木偶头的雕刻、粉彩工艺独具匠心。木偶头的基本造型包括生、旦、净、末、丑几类角色，有神仙鬼怪，也有各种历史人物。木偶头的雕刻注重五官，要根据角色的性格、身份、气质来刻画构思。除了精湛的刀工之外，其制作原材料也十分讲究。手艺人一般采用优质的樟木来雕刻，再用世代相传的秘制涂料反复上色数十遍，这样才能保证木偶保存百年而不掉色、变形。2006年，漳州木偶头雕刻被列入国家级非物质文化遗产名录。

九月初六

kân siōg buǐ diâo

牵声拔调

释义：指故意拉长声音，提高嗓门。

竹马戏是流行于漳州的一种古老的地方戏曲。它源于唐宋时期的竹马灯舞蹈，在当地的民间歌谣、南曲等说唱艺术的基础上，吸收融合了木偶戏、梨园戏的一些表演程式而逐渐形成，已有三百余年历史。其特点是演员少、节目短，服装、道具简单朴素，表演信手拈来，剧目多为反映民间生活的小戏。

九月初七

kâg cuî boǒ zī

空嘴哺舌

释义：空口嚼舌。比喻空口无凭。

拍胸舞是起源于福建泉州的一种传统舞蹈，为古闽越族舞蹈的遗存，广泛流传于闽南地区。拍胸舞表演者皆为男性。舞者需头戴草圈，赤足，裸上身，以蹲裆步为主要舞蹈动作，双手依次击掌、拍击前胸、两肋乃至腿部，双脚反复顿地，双手将全身拍得通红。舞者往往抚胸翻掌、扭腰摆臀，动作圆柔而诙谐，妙趣横生。

九月初八

闽南人秋冬季节尤其注重进补，重阳日也不例外，称为"补重阳"。这天民间多以当归、川芎、党参等中药炖家禽肉，作为药膳。《漳州杂诗》写道："菊酒茱萸典不传，重阳只乐眼前天。番薯芋柿力子果，吃罢芝山看纸鸢。"可见闽南人在重阳要吃地瓜、芋头、红柿、板栗这几样时令食材。

旧时闽南重阳节还有"送顺风"的民俗。闽南自古重商，海上贸易繁盛。每年九月东北季风起，前往南洋的商船便纷纷启航。临别之际，亲朋好友会准备公鸡、线面、名贵的中药材和家乡土特产，为远行之人饯行，俗称"送顺风"。

九月初九

gāo ggē gāo gàng hōng
九月九降风

释义：九月四面起风。

福建的瓷都德化有一座九仙山，山上奇石兀立，峰峦竞秀，是闽南著名的旅游胜地。九仙山有三绝——日出、云海和雾凇。山上气象万千，四季景色如画：春有杜鹃花海，夏有松竹吐绿，秋有红叶铺径，冬有雾凇垂玉。九仙山年均雾日达300天，长年云遮雾绕，经常出现云海、云瀑、佛光等气象景观。冬天，瑞雪纷飞，是闽南观雪景的绝佳去处。山上还有一座唐代的弥勒佛石雕，是九仙山的镇山之宝。

九月初十

gāo wān zâb buè wât。

九弯十八拐。

释义：形容道路蜿蜒曲折。

在漳州市长泰的马洋溪生态旅游区内，有一座山清水秀的千年古村，名为山重村。这里与厦门的集美仅一山之隔。山重村内保留着鹅卵石砌成的古民居、粗壮的千年古树，以及原生态的乡村民俗。每年春天，绝美的油菜花海和红云一般的桃花、李花吸引了大批游客，优美的田园风光和丰富的农耕文化体验项目更是让人流连忘返。周边的市民们都喜欢自驾到这里享受乡村野趣，回归自然。

九月十二

日积月累

zâb boô gāo huê táo

十步九回头

释义：比喻依依不舍，也可
形容犹豫不决的态度。

在漳州龙海的九龙江畔，藏着一片历史悠久的古民居建筑群，这就是埭美古村。这座魅力独特的村落自明代至今，已存在500多年了，一直鲜为人知，近年才走进公众的视野。埭美古村因"闽南红砖建筑群"而著称。村内整齐划一地排列着两百多座明清闽南红砖古厝，每一座都是红瓦石墙，硬山式燕尾脊，朝向、规模都恪守祖训建造。全村四面绕水，古榕遍地。一条内河如长龙般紧绕村庄，使埭美成为"闽南周庄"。从空中俯瞰，整片古厝群如同漂浮在河面之上，形成了"港环社、社枕港"的独特景观。一株跨河古榕已有300多年历史，仍然郁郁葱葱、枝繁叶茂。

九月十二

zâb cuî gāo kâ cēg

十喙九尻川

释义：十张嘴巴，九个屁股。比喻人多嘴杂。吵闹不休，难以统一步调。

在漳州市龙文区蔡坂村有一座云洞岩，它被誉为"闽南第一洞天"。这是一座风景文化名山，以大大小小的洞穴、石室著称。穿梭于石缝间，前方或许会豁然开朗，出现一条明路，有种柳暗花明的新奇感。其中，最大的洞穴中可容纳千人，称作"千人洞"；最窄处的一线天则需要侧身挪过。山中还有历代摩崖石刻两百多处，人文景观颇丰。

九月十三

zân gìng buè gìng,
十拣八拣，
gīng diô zît lê bbuě ggîng ggìng.
拣着一个卖龙眼。

释义：千挑万选，最后挑到一个卖龙眼
的。形容择偶眼光太高而错失良缘。

灵通山，号称"闽南第一山"，坐落于漳州平和县西南部，与漳州第一高峰大芹山相峙而立。灵通山以险峰、奇石、清泉、飘云为特色，素有"小黄山"的美誉。灵通山上有七峰、十寺、十八景。灵通岩上的灵通寺建于天然石洞之中，上有盘石覆盖，下面是悬崖绝壁，唯有一条"天梯"小径可以攀登，地势十分险要。寺旁有"珠帘化雨"胜景，涓涓细泉从几十丈高的岩石飞流而下，化为珍珠般的水滴飘落。每到雨后，水流飞溅，犹如珠帘高挂。

九月十四

zît lê lâng kê, gāo ê zū láng.

一个人客，九个主人。

释义：请一个客人吃饭，九个主人
陪。指借招待客人为由吃吃喝喝。

漳州月港是明朝中后期著名的外贸通商港口，地处九龙江入海处，因港道"一水中堑，环绕如偃月"，故名月港。它与汉、唐时期的福州港，宋、元时期的泉州港，以及清代的厦门港，并称福建历史上的"四大商港"。这里曾有"海舶鳞集，商贾咸聚"的盛景，市井十分繁荣，是闽南的一大都会。当时留下了许多赞美月港的诗篇，其中有诗云："市镇繁华甲一方，古称月港小苏杭。"

九月十五

zît līt bbô bbín , sâg līt sēng sín。

一日无眠，三日损神。

释义：一天睡不好，三天没精神。告
诫人们生活要有规律。

在福建龙海市港尾镇有一座浯屿岛，它和金门的大担、二担岛仅三四海里之遥，由于处在厦门通向外海的航道上，自古以来就是海防要地，岛上存有古城墙、古炮台等历史遗迹。这座面积仅0.96平方公里的小岛风光旖旎，每年都有游客慕名而来，或戏水，或海钓，或品尝海鲜，享受恬静的时光。

九月十六

 zâb ê siô ziū siān, gāo ê kòng kông diān。

十个烧酒仙，九个侹侹颠。

释义：十个嗜酒之人，九个走路摇

摆不定。

"九月节，露气寒冷，将凝结也。"寒露时节南方秋意渐浓，闽南地区也渐渐透露出秋意。此时的昼夜温差加大，白天依旧燥热，但夜晨凉风习习，清晨草叶上时常挂着露珠。这是闽南最舒适美好的时节：天高云淡，橙黄橘绿，是登高踏青的好时机。这一时期气候比较干燥，又正是各种瓜果飘香收获的季节，饮食应以清淡为主，多甘少辣，多吃应季的瓜果有益健康。

luí pà ciū, wān dāng zît buàg siū。

雷打秋，晚冬一半收。

释义：立秋日如果响雷，晚冬（二期
稻作）收成不好。

手抓面是漳州的一种特色小吃，闽南话叫做"豆干面"。这种面又软又韧，盐碱适量，在闽南湿热的气候下也不容易变馊。它不是普通的碱面，而是用大树碱做的。所谓大树碱是将树干烧成碳浸泡在水中后浮出来的一层白碱，用它揉的面条特别嫩滑、劲道。食用之前要先将碱面条煮熟，趁热铺在竹筛上放凉，制成手掌大的圆形面饼；吃的时候把面饼抓在手里，夹着五香条或是醋肉，抹上甜辣酱或是沙茶酱，用手抓着吃。其口味独特，城乡都颇为风行。

九月十八

ziā ciûg ggú, zuě ciûg gū。

食像牛，做像龟。

释义：吃饭像牛一样，饭量很大，做事
却像乌龟一样慢，真是好吃懒做。

豆花粉丝是漳州的传统名点，类似于北方的豆腐脑。闽南的豆花口感细腻，质地白嫩，豆香清幽。漳州的豆花粉丝一般会掺上用猪蹄骨煮的粉丝，配上酱油、味精、菜脯粒、沙茶酱、芫荽，再加上自选的佐料，例如卤大肠、卤肉、卤蛋等，佐料剪得细长细长，入口后随着豆花粉丝一滑入肚，咸爽开胃。

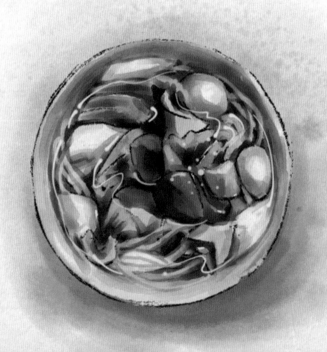

九月十九

zît liâb cân lé gāo wāg tēng。

一粒田螺九碗汤。

释义：一颗田螺炖了九碗汤，寡淡无味。

闽南有一种独特的小吃，叫鸡仔胎，也就是毛鸡蛋。民间认为秋凉以后吃些鸡仔胎可以滋补身体。鸡仔胎要选用自然孵化的活胎。烹饪方法一般有两种：一种盐焗，一种酒煮。盐焗是把半锅盐烧热，码好毛鸡蛋，几分钟后掉个头再次受热一会儿；酒煮的就如同水煮蛋，煮好后要喷点米酒，或者直接在水里加点米酒煮熟。吃鸡仔胎的时候要先轻轻地磕破一个小口，先喝汤，再敲碎蛋壳吃蛋黄，味道咸香可口。

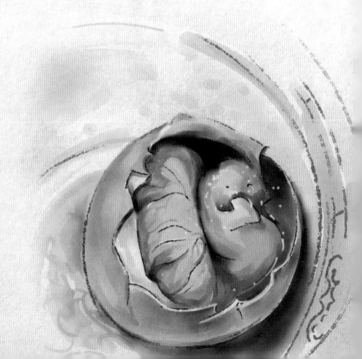

九月二十

guê ā déng, ziāo ā doô。

鸡仔肠，鸟仔肚。

释义：形容有的人食量少，肚肠犹如小鸡、小鸟。也比喻心肠狭窄，度量小。

萝卜糕，闽南话称为"菜头粿"，是逢年过节闽南人家必备的一道菜，也是百姓日常饮食中十分常见的小点。闽南的萝卜糕采用米浆和白萝卜制成，将腌制好的白萝卜丝加入米浆中，上笼蒸熟成型。吃的时候要经过油炸，使其外表金黄微焦。一口咬开，内馅洁白软滑，唇齿甘甜，满口萝卜的清香。

九月廿一

duǎ koô cài táo bǒng sîm。

大箍菜头磅心。

释义：大条萝卜内在空虚。

比喻外强中干，图有其表。

在漳州南靖县，咸水鸭是百姓餐桌上的常客。南靖的咸水鸭选用的是当地田间的"健美鸭"，肉质紧实不油腻。其制法相当纯朴：将鸭子宰杀洗净，整只放进锅里用开水煮熟，捞起后外表均匀地抹上盐巴，然后在阴凉处挂上一夜，就可以吃了。咸水鸭讲究腌制入味，如腌得不好，则皮咸肉腥；腌得通透的咸水鸭从里到外透着咸香，还带着鸭肉原本的鲜味，让人饱食不腻。

九月廿二

à táo sâg hûn sōng。

鸭头三分参。

释义：鸭头也有人参的三分滋补。

花包是泉州的传统面点，又称喜包，经常出现在各种婚庆宴会上。花包用白面制皮，以白糖、炒花生仁、肥肉、冬瓜糖为馅，包面正中要盖上红双喜圆印。花包的寓意格外吉祥，一来"花"发音近"发"，是用面团发酵制成，寓意着家族兴旺发达；另一方面，花开暗含"开枝散叶"之意，蕴含着多子多孙的祝愿。

九月廿三

à bbù buǎ lô bbī gēng。

鸭母跋落米缸。

释义：鸭子跌进米缸。

比喻因祸得福。

马花炸是闽南一种油炸的小点，用面粉制成。将适量面粉、白糖和少许酵母粉和成面团，经过发酵后摊平，裁去周边多余的面团，切成一大块长方形。再将裁下的面团与白砂糖和芝麻混合，摊在长方形面皮上，将面皮对折，切成两指宽的马蹄状，下油锅小火慢炸即可。这种小吃吃起来外酥内韧，香甜可口。

九月廿四

lī bbē lâi zît ê bbē huê zǐg êm?
你要来一个马花炸吗?

枕头饼是漳州平和的地方名点。它的外形呈长方体，长度跟人的手指头差不多，形似古时候的枕头，故而得名。枕头饼曾是明代嘉靖年间的朝廷贡品，直到乾隆年间才传入民间，逐渐成为大众食品。它的造型别致，小巧芳香，是漳州百姓逢年过节的必备茶点。

九月廿五

zǐǎ bbì ěm zâi bbī gě。

吃米不知米价。

释义：天天吃米，却不知米价涨跌。

形容只知享受，不知生活艰难的人。

在厦门岛的东北端有一大片湿地生态园，被誉为厦门的"城市绿肺"，这就是五缘湾湿地公园。这是一片藏在城市里的湿地，占地面积85公顷，相当于半个鼓浪屿。这里栖息着25种湿地水鸟和诸多其他鸟类，每年的3月，大批的白鹭会在这里筑巢繁殖。漫步在蜿蜒的木栈道上，可以欣赏芦苇飘摇、睡莲盛开，观赏红树林生态系统，与黑天鹅亲密互动……五缘湾湿地公园集湿地、温泉、海湾等多种自然资源于一体，又配备了酒店、休闲运动等设施，是都市人放松身心的好去处。

九月廿六

gōng héng hông gìng zîn suì,
公园风景真水，
lān lâi kī cīt tó。
咱来去迌迌。

释义：公园风景很美，我们一同去游玩。

在厦门璀璨的夜景当中，有一颗明珠闪耀在厦门岛的西南角，这就是狐尾山气象公园里的海上明珠塔。狐尾山气象公园坐落在东渡狐尾山上，公园内设有天文气象馆，可以在互动中学习天文、气象知识，有穹幕影院，可以感受仰望星河的浪漫，还可以登上海上明珠塔，远眺厦门的城市景观。每当华灯初上，海上明珠塔就闪烁着色彩斑斓的光辉，身处城市各处的市民只要远观塔身上显示的天气图标，就可以了解未来24小时的天气。而塔上的明珠实为探测雷达，可以帮助我们预知天气变化。

九月廿七

lân bài lâk dào dîn kī gōng héng yā cān。

咱礼拜六斗阵去公园野餐。

释义：我们周六一起去公园野餐。

在厦门海沧区东孚镇，有一座天竺山森林公园。这里林木葱郁，层峦叠翠，自然资源丰富，景致迷人。园内有200多种森林植物，40多种野生动物，还有丰富的人文景观和珍贵的历史遗迹。其中有建于宋代的石水塔，有唐宣宗涉足过的龙门寺，有清代高僧铸造的藏经洞……70多公里长的登山步道可供游客健身游览，溪水潺潺的四季花谷是戏水、野餐的好去处。这里是集旅游观光、休闲度假、体育锻炼、康体疗养、农业科普和宗教文化于一体的原生态森林公园。

九月廿八

tào zà kî gông héng ziǎ kông kǐ。

透早去公园吃空气。

释义：大清早去公园呼吸新鲜空气。

在厦门海沧大桥的西南侧，有一座桥边的公园——大坪山郊野公园。公园依山而建，有如一幅立体的画卷，若驾车从大桥上通过，即可见公园内小桥流水、绿树成荫。公园内一年四季鲜花不断，特别是每当春天来临，山头上的樱花、桃花盛开，远远望去如朵朵红云。山间曲径通幽，流水潺潺。登上山顶，可以望见蜿蜒的海沧大桥，饱览山海美景。

九月廿九

bǔ ê bù ziǔg tīg, gíng ê gîng cùn tî。

富的富上天，穷的穷寸铁。

释义：形容贫富不均，悬殊很大。

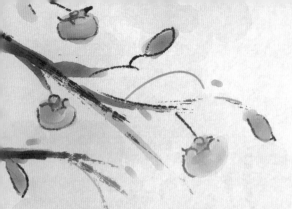

霜降是闽南人尤为重视的一个节气。霜降到来，意味着天气变冷，要开始滋补身体了。闽南有句谚语叫"一年补通通，不如补霜降"，霜降这一天，家家户户都要喝四物鸭汤。四物，也就是当归、川芎、白芍、熟地黄四味药材，是补血养血的经典良方，用来炖鸭肉药香扑鼻。闽南人认为霜降这天喝上一碗热腾腾的四物鸭汤，可以强身健体，抵御即将到来的寒冷天气。

除了吃四物鸭汤，霜降还要吃柿子。闽南有"霜降吃丁柿，不会流鼻涕"的说法。

霜降（于每年公历十月二十三 — 二十四日交节）

zît ní boō tàng tăng, bûk lú boō sêng gǎng。

一年补通通，不如补霜降。

解释：一年到头进补，不如霜降一日补足。

体现出闽南人对霜降进补的重视。

风
动
石

十月

在厦门旖旎的小嶝岛上，曾隐居着一位旷世大儒，这就是宋元时期著名的理学家——邱葵。邱葵继承了朱熹的理学学说，又博采众长，学术造诣精深。南宋亡国后，邱葵回到故园，隐居于小嶝岛，潜心研究理学，教化民众。他以天风海涛为伴，编撰了《易经解疑》《周礼补亡》《春秋通义》等大量的著作。1294年始，他到泉州芝山书塾讲学，长达27年，创立了一套完整的课程体系。他批判旧科举的腐朽，倡导"有用之学"，要求学生掌握学习、研究的方法，成为"诚心正意"之人，从而"齐家治国平天下"。这些教育理念至今闪耀智慧光芒。

十月初一

 lī hò! huân ggîng lâi gòo ě méng.
你好！欢迎你来到厦门。

林希元，号次崖，是明代著名的理学名宦。他出生于同安县，少时家境贫寒，但从小胸怀远大的政治理想。他35岁中进士，之后历任南京大理寺评事、南京大理寺丞、广西钦州知府、广东按察司金事等职。但他一生仕途坎坷，几次得罪朝中重臣被贬黜归籍，而他却百折不坠青云之志，依然秉公执法，仗义执言，被称为"铁汉"。林希元一生精研理学，著述颇丰，主要著作有《易经存疑》《林次崖先生文集》《荒政丛言》。他所撰写的《嘉靖钦州志》，是研究明朝南方政治、经济、军事、农业、社会生活的珍贵资料，是宝贵的文化历史遗产。

十月初二

kuàg diǒ lì zîn huâg hì。

见到你真欢喜。

辜鸿铭是我国近代著名的学者、翻译家，他出生在马来西亚槟城一个华侨之家，祖籍厦门同安。辜鸿铭被称为"清末怪杰"，他精通英、法、德、希腊、马来西亚等多国语言，取得了13个博士学位，是近代学贯中西的杰出代表。他将中国"四书"中的三部——《论语》《中庸》和《大学》翻译成英文，竭力向西方人宣传东方的文化和精神，在世界上产生了重大的影响。他虽接受了西洋文明教育，却心怀祖国，眷恋故土，在国难当头之时为祖国大声疾呼，向世界舆论呼唤正义。他的英文名叫"Amoy Ku"，即称自己为"辜厦门"。

十月初二

lī zuè gûn lē bbô yîng sī mì?
你最近在忙什么？

清末学者卢赣章是我国汉语拼音文字的首倡者，也是对我国文化发展产生重要影响的闽南先贤。

　　卢戆章是厦门同安人。他9岁入学，18岁参加科举，21岁前往新加坡攻读英文，4年后重返厦门，寓居鼓浪屿内厝沃，教学汉语（厦门话）和英文，并应英国传教士马约翰的邀请，协助编纂《英华字典》。近代中国，风雨如磐。卢赣章意识到，"今日欲救中国非普及教育不可；欲普及教育非易识字不可；欲易识之字非用拼音之法不可"，遂发宏愿，致力于文字改革。他首创拼音文字，提倡新式标点符号，创作简体俗字，提倡普通话以北京音为正音，以求中国语言之统一，被誉为"语文现代化运动的揭幕人"。

十月初四

gguā lâi gài siâo zît lê,
我来介绍一下，
zīt weî sǐ gguā ê hŏ bîng yòu。
这位是我的好朋友。

在中国近代的著名学者当中，林语堂可谓家喻户晓，他是一位学贯中西的语言学家、翻译家、作家。1895年，林语堂出生在漳州平和县，10岁随父亲迁到厦门，在鼓浪屿接受了7年的中小学教育。1912年，他考入上海圣约翰大学，后来又到美国、德国留学，获哈佛大学文学硕士学位，莱比锡大学语言学博士学位。回国后先后在清华、北大、厦大任教。

　　林语堂一生著作等身，他创作的《京华烟云》《生活的艺术》《人生的盛宴》等小说、散文作品被翻译成27种语言，蜚声海内外。他积极地向世界介绍中国传统文化，也努力让中国人了解西方文化。他将诙谐幽默的谈吐映照在自己的作品中，为中国幽默文学的发展推波助澜，被誉为"幽默大师"。

十月初五

 gîn ā līt tîg kǐ zîn hò, zîn siô lô。
今天天气真好，真暖和。

在闽南戏剧届，"江海仙"可谓无人不晓，他就是被尊为芗剧一代宗师的邵江海。

邵江海1913年出生于漳州龙海，自幼家贫，少年时随父摆摊卖海鲜。他12岁时在厦门观看了台湾歌仔戏表演队的演出，从此迷上了歌仔戏，开始学艺。他先后拜台湾艺人温红涂和"鸡鼻仙"为师，成为了有名的民间艺人。抗日战争时期，国民党禁演歌仔戏，邵江海就在歌仔戏的基础上融合了锦歌、南曲等戏曲艺术的精华，创作出了改良戏，一时间广为流传，逐步形成了芗剧。1939年，邵江海又在其他剧目的启示下编写芗剧剧本，并陆续编写了《六月雪》《白扇记》等诸多脍炙人口的剧目。邵江海一生为芗剧的创建和发展呕心沥血，深受两岸演员和戏迷敬仰。

十月初六

wǔ yíng lâi cù lâi pòo dé。

有空来家里泡茶。

卢嘉锡是我国著名的物理化学家、教育家。他1915年出生于厦门，5岁开始跟随父亲读书，年仅13岁就考进了厦门大学的预科组。在厦大求学期间，他在数学和化学方面成绩十分突出，获得了化学和数学双学士学位。1937年，卢嘉锡赴英国伦敦大学学习，开始从事人工放射性研究。1945年冬，他满怀科学救国的热忱回到祖国，在母校厦门大学任教，历任理学院院长、副教务长、研究部部长、校长助理、副校长等职。1981年，卢嘉锡出任中国科学院院长。卢嘉锡在结构化学研究工作中做出杰出贡献，对中国原子簇化学的发展起了重要推动作用。他设计的等倾角魏森保单晶X射线衍射照相的Lp因子倒数图，载入国际X射线晶体学手册，被称为"卢氏图"。

十月初七

在厦门海沧新阳镇，有一座蔡尖尾山，山高382米，以天湖、奇石、古寺、书院和十八岩洞而闻名。沿着山间的木栈道登顶，可以饱览海沧湾两岸的美景：海沧新城、海沧湖，以及海对岸的鹭江道、鼓浪屿、双子塔在眼前铺展开来，城在海上，海中城中，瑰丽壮阔。

十月初八

zíg kôk gīm, âo kōk ggún。

前扩金，后扩银。

释义：前额宽阔或后脑勺圆润，
都是富足之相。

在厦门市东部的鸿浙山脉南麓，坐落着翔安香山郊野公园。公园以香山岩寺为中心，辐射到周边的吕塘民俗文化村等众多景点。园内古树参天、古寺幽静，优美的自然景观和丰富的人文景观相交融。香山岩寺始建于南宋年间，主奉清水祖师，是厦门、南安、金门等地清水祖师的总坛。香山岩寺一旁的山泉千年不竭。而吕塘村内260多株的古松屹立了近600年，是闽南地区仅存的成片古松林。

十月初九

cūt zíg ê láng zū yǐ。

出钱的人主意。

释义：办事往往由出钱的
人拿主意，做决定。

　　立冬节气预示着冬季降临。这一时期，闽南地区天气逐渐转凉，日照时间缩短，昼夜温差继续加大。秋收冬藏，冬季是休养生息的季节。虽然闽南一年四季绿荫不减，但注重养生的闽南人还是会遵照节气来进行食补。闽南人认为冬季到来要为身体补充足够的能量，强身健体，抵御寒冷。立冬这天，闽南人要吃一些滋阴潜阳、热量较高的食物，如鸡鸭肉、牛羊肉，或鱼鳖等等，而且食材往往要和四物一起炖，增强进补的效用。

 lîb dāng boō dāng, boō cuì kāng。

立冬补冬，补嘴空。

释义：立冬需进补。

闽南地区的民间信俗多种多样，有庙宇的地方都香火不断，因此对香的需求也比较大。闽南香始于清朝，历史悠久，采用沉香、檀香等名贵药材制香，也用艾草、迷迭香等香草来制作香品。闽南香有驱疫避秽、消毒杀菌、宁神静气、怡情养心的功效。2017年，闽南天然香制作技艺被列为福建省非物质文化遗产代表性项目。

十月十一

cuǐ bbô tàng sīm
嘴无通心
释义：口是心非。

德化县是我国陶瓷文化的发祥地，我国的三大古瓷都之一。德化县内瓷土资源丰富，多为品质优良的高岭土，烧出的德化瓷釉色纯正，色调淡雅。德化瓷最出名的当属白瓷，明代德化窑成功创造烧制出"象牙白"瓷器，瓷质莹润，胎骨柔韧细腻，又称"糯米胎"，色泽乳白，细腻匀洁，如脂似玉。法国人将明代的德化白瓷称为"中国白"，认为这是"中国瓷器之上品"。

十月十二

cuì huē cuì zuì

嘴花嘴水

释义：形容花言巧语，善于言辞。

闽南地区著名的瓷器，除了德化的白瓷，还有同安的珠光青瓷。珠光青瓷是古同安汀溪窑烧造的一种青瓷，其色泽温润如玉，常饰有卷草纹、篦点纹、菊瓣纹、莲瓣纹等，自然率真，极具地域特色。宋元时期，同安青瓷由泉州港经海上丝绸之路销往日本和世界各地，受到国外消费者的欢迎，特别是获得了日本茶汤开山之祖——村田珠光的青睐，成为日本贵族和上层人士使用的高档茶具，因此被誉为"珠光青瓷"。

十月十三

wâi cuǐ liɑ̄b bbâk

歪嘴捏目

释义：形容挤眉弄眼的丑相。

年画是普及面最广的艺术品之一。旧时过年前，家家户户都要贴年画，祝愿新年吉庆，驱凶迎祥。宋代福建的刻书业繁荣，带动了版画刻印技术的发展，漳州木版年画也随之兴盛。漳州木板年画造型夸张，色块雄浑，好用大红大绿，对比强烈，喜庆活泼。其题材内容广泛，有各式神像、世俗生活、民间传说、吉祥花卉等，展现了闽南一带的民风民俗。2006年，漳州木板年画入选第一批国家级非物质文化遗产名录。

十月十四

wǔ hì bbô cuǐ

有耳无嘴

释义：指光听不说。

蓝印花布是我国的传统民间工艺。明代，棉花是安溪的主要经济作物之一。随着棉织业的兴起，乡间的染布作坊也应运而生。当时安溪乡镇中大都设有染坊，"木棉花布甲诸郡"就是当时的真实写照。安溪蓝印花布的特点是健康环保，其染料是天然的植物——蓝靛。蓝靛学名青黛，是一种中药材，有清热、凉血、定惊的功效。蓝印花布以质朴素净为美，表现出浓郁的乡土气息。其花色纷繁，多以形寓意，如"百子图""百寿图"等吉祥图案，表达了人们的美好愿望。

十月十五

wǔ hún bbô yàg

有云无影

释义：形容子虚乌有的事。

彩扎是我国的一项传统民间工艺。闽南的彩扎是由纸扎演变而来的，旧时多用于红白喜事，也就是俗称的"糊纸"。新中国成立后，纸扎的创作题材开始反映现代生活，材料也更为丰富，加入了土、蜡、搪塑、丝绸布料等，更富有表现力。彩扎分为"站活"和"坐活"两种。"站活"一般为大型作品，如"鳌山""彩楼"等；"坐活"为比较精巧的作品，如知名人物、飞禽走兽等。厦门的彩扎擅于表现戏剧武打人物，人物神态惟妙惟肖；泉州彩扎则女性形象居多。

十月十六

带鱼是我国重要的一种经济鱼类，在闽南沿海产量较大，是百姓餐桌上的常客。闽南人喜欢吃本港带鱼，所谓"本港"，主要指在台湾海峡洄游的带鱼。每年秋季，带鱼从北方海域来到闽南沿海过冬，春天气候回暖，带鱼又将北上产卵。闽南人烹饪带鱼，无非三种做法：一是腌制后小火干煎；二是将带鱼段两面煎熟之后做酱油水；三是裹上面粉下油锅炸。带鱼刺少肉多，不论哪种做法都能大快朵颐。

十月十七

duǎ hí ziǎ siō hí，siō hí ziǎ hê bbì，
大鱼吃小鱼，小鱼吃虾米，
hê bbì ziǎ toô ní。
虾米吃涂泥。

释义：原指动物界中弱肉强食，借指弱者
被强者欺凌吞并。

嘉腊鱼是闽南沿海比较常见的一种鱼，它的个头较大，体长近一米，一条就有一二十斤重，周身绯红，肉质细腻紧实，深受闽南人的喜爱。闽南人将嘉腊鱼奉为鱼鲜上品，常用嘉腊的鱼头和鱼骨炖白菜豆腐，鱼身则用来煎鱼排，敬神祭祖或喜庆宴席上时常用到这一食材。在东亚文化中，嘉腊亦被日本、韩国奉为贵族鱼，用来祭祀。

十月十八

duǎ hí ěm liā, liǎ siō hí。
大鱼不捺，捺小鱼。

释义：大鱼不抓，抓小鱼。比喻
做事因小失大，得不偿失。

黄翅鱼是闽南人日常食用鱼中最常见的一种，这得益于它鲜味足，肉质细腻，大小适中。闽南俗语道："冬至前吃黄翅鱼。"也就是说，冬至前的一段时间是黄翅鱼最鲜美的时候。闽南人颇喜爱用黄翅鱼下面线：将新鲜的黄翅鱼小火微煎，而后淋上一大勺清水，熬出浓稠的鱼汤，再加入面线和一两片白菜叶，浇上一茶匙葱油。这样做出的面线浸透了鲜美的鱼汤，鲜爽浓郁，鱼肉鲜嫩，营养丰富又易消化，老少咸宜。

十月十九

êng sîk à zū mǐ suǎg, hō ziā gō yîng yòng。

黄翅仔煮面线，好吃咯营养。

释义：黄翅鱼煮面线，好吃又营养。

闽南人靠海吃海，把常吃的鱼分出了三六九等，鲳鱼因其骨头松软，没有细刺，肉质肥美香醇，被列为上等食用鱼。闽南人所说的鲳鱼有三种：白鲳、斗鲳、灰鲳。其中斗鲳的体型最大，肉最厚，常切段拿来干煎；白鲳肉质细嫩，常用来做酱油水。

十月二十

bbô hí, hé mǎ hò。

无鱼，虾也好。

释义：意为不要太过计较，退而求其次。

在过去老闽南人的吃鱼排行榜中，马鲛鱼曾被封为"鱼王"。闽南民谚说："山上鹧鸪獐，海里马鲛鲳"，盛赞这种鱼营养价值高。马鲛鱼肉多刺少，肉质结实，食用方式多样。闽南人常将马鲛鱼肉打制鱼丸，或剁碎后做成鱼羹汤，吃起来清甜爽口。

十月廿一

bbô hí hoô hé, bbô hé hoô cân lé.

无鱼厍虾，无虾厍田螺。

释义：没鱼捞虾，没虾捞田螺。比喻遇到事要灵活处理，随遇而安。

闽南有句俗语说"巴浪，好吃不分翁（老公）"。巴浪鱼身形如同纺锤，尾部两侧各有一条侧线，上面长有坚硬的棱鳞。巴浪鱼的肉质坚实，滋味香醇，闽南人常用来干煎或晒成鱼干配稀饭。虽然巴浪鱼口感好，但闽南人并没有将它奉为"上等鱼"。不过如今那些营养价值更高的鱼类越来越难捕获了，所以巴浪鱼获得了越来越多食客的喜爱，身价随之上涨。

十月廿二

 ziǎ hí ziǎ bbâ, ǎ diǒ cài gâ。

吃鱼吃肉，也要菜搭。

释义：吃饭不能光吃大鱼大肉，

要荤素搭配。

鳓鱼也是闽南沿海常见的食用鱼。鳓鱼刺多，但肉质鲜美。闽南谚语说："鳓鱼煮菜脯，好吃不分某（老婆）。"意思是鳓鱼与萝卜干一起煮，好吃到都不想分给老婆吃了。每年的春天，闽南沿海鳓鱼上市，用最质朴的酱瓜来蒸鳓鱼，以酱瓜的清甜滋养鳓鱼，是最家常的本味。

十月廿二

ziō ziǎ giâm hí ziō cuì dā。

少食咸鱼少嘴焦。

释义：少吃咸鱼少口渴。比喻
多一事不如少一事。

闽南俗语道"一鲳二红魦，三鲲四马鲛"，红魦是闽南人心目中数一数二的好鱼。红魦又叫赤鲫，即红色的鲫鱼，它长得和鲫鱼有点像，只不过一身红鳞。和鲫鱼不同的是，红魦产自海洋。红魦的肉质清甜，只有中骨而无细骨，闽南人常用来香煎或做酱油水。

十月廿四

ê hēng ziân ciâ zâng à pè bbé。

晚上煎赤棕仔配糜。

释义：晚上煎赤鲫鱼配稀饭。

厦门人所说的"酱油水"，是一种传统的渔家烹饪方式，它讲究一个"鲜"字：严选最鲜活的海鲜，可以是海鱼、海虾，也可以是小管（墨鱼）、贝类，经过干煎或是煸炒过后，加入酱油水煮调味。这一做法是厦门人家最常见的烹饪海鲜的方式，更是酒店排档中点单率最高的海鲜做法。这样简单的做法，最容易吊出海鲜的鲜甜滋味。

十月廿五

dǐ ě méng ziǎ duǎ bâi dǒng ,
在厦门吃大排档,
yīt ding ài diām dǎo yoû zuì。
一定爱点酱油水。

释义:在厦门吃大排档,一定
要点酱油水。

小雪时节，北方地区气温可能已经降到零度以下，但在闽南气温还不稳定，若有冷空气侵扰，人们或许穿上了薄外套，若天气稳定，则依旧秋高气爽。这一时期早晚温差较大，往往会出现乱穿衣的局面，街头的人群有的仍旧着短夏装，有的早早裹上了外套。

　　气温变化虽然不稳定，但越冬的准备必不可少。小雪前后，正是鱼儿肥美、产量丰富的时节。为了过冬，闽台的渔民常常会在小雪时节开始晒鱼干、储存干粮。

小雪（于每年公历十一月二十二——二十三日交节）

zâb ggê dâo，buî gâ bbô kuàg diǒ táo。

十月豆，肥到不见头。

释义：农历十月的豆仔鱼最为肥美。

在泉州市鲤城区新门街，有一片青石红砖建筑风格的工业建筑。这里原本是享誉海内外的百年老字号源和堂蜜饯厂。源和堂蜜饯由著名华侨庄杰赶兄弟于1916年始创，为了纪念这一老字号，这座工业园就被命名为"源和1916创意产业园"。现在这片园区被改造成了集办公、生产、储运为一体的厂区，呈现出独特的建筑美感和时代印记，是传统工业文明的历史佐证。

十月廿七

日积月累

bîng yôu zíng, zîg zái ài hûn bbíng。
朋友情，钱财爱分明。

释义：即使是感情很深的朋友，钱财
也应该算清楚，才不至于闹纠纷。

泉州中山路镇抚巷藏着一座觅鲤文化创意园。这里原本是泉州市纸品厂，它承载着老泉州人的青春记忆。在岁月侵蚀下这里一度变得破败不堪，但近年经过修缮改造，园区吸引了咖啡民宿、书店等商家入驻，变成了集艺术空间、文创市集、特色民宿、文化活动等于一体的文化创意园区，盘活了老厂房，也带动了街巷的复兴。园区的修缮尽可能地保留了其旧有的风貌，游客和市民能体验到泉州原生态的街巷文化。

十月廿八

pāi dîk cūt hŏ sùn。

否竹出好笋。

释义：不好的竹子也能长出好的笋。
比喻穷苦人家的孩子也能成材。

在泉州惠安县小岞镇的最东边，有一座遗世独立的风车岛。这座小岛三面临海，西面与净峰镇七里湖的狭长地带接壤，形成半岛。小岛的海滨是风电场，在蜿蜒的海岸边，一座座巨大的风车迎着海风悠悠转动。这里四季风景如画，能够欣赏到海天一线的自然风光，可以拍摄到绝美的日出和日落，还能够看到别致的惠女传统服饰，体验独特的惠安民俗风情。

十月廿九

buǎ zît dò, kiò diŏ zǐ zià gîm guê bbù.
跋一倒，拾着一只金鸡母。

释义：摔一跤，捡到一只金母鸡。类似于
"塞翁失马，焉知非福"。

芝山公园是漳州市中心最具自然原生态的景观公园。它虽然建成于2010年，但实际上历史悠久，自古即为游览胜地。芝山原名登高山，明洪武十三年（1380年）山上发现紫芝草，古人认为紫芝草是祥瑞之草，这座山就被命名为"芝山"。芝山上的名胜古迹不少，山上的威镇亭（后称万寿亭）、仰止亭和甘露亭建于明弘治至嘉靖年间。文人墨客常常登临吟诗作赋，留下不少优美的诗文。

十月三十

zî gî diô gō à dō zît zûn láng。
一枝竹篙压倒一船人。

释义：一竿子打倒一船人。比喻
以偏概全。

十一月

曾厝垵

闽南语中，菜蟹和膏蟹这一类的锯缘青蟹称为"蟳"。在闽南，"石湖红膏蟳"尤为出名。这种螃蟹身藏海底，与海潮搏击，个大肉肥，结实有力。

闽南烹饪螃蟹的方式五花八门，最出名的莫过于煎蟹。煎蟹用菜蟹或膏蟹皆可，菜蟹肉多清甜，膏蟹膏满肥美，各有千秋。煎蟹做法并不复杂：将整只蟹对半切开，用少许蛋黄裹住切口，再用姜片封住切口，中火加热锅油至五成热，然后将半只蟳的切口向下放入锅中，待切口煎至金黄色时，倒入料酒继续焖熟即可出锅。煎蟹肉质细嫩鲜甜，蟹香浓郁，还原了蟹的鲜美原味，正体现了闽南菜追求本味的真谛。

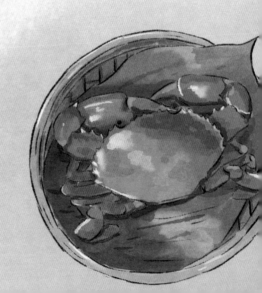

十一月初一

zâb yī ggē dâng būk hōng,
十一月东北风，
zâb lī ggē hō tiân kōng。
清明好天空。

释义：十一月刮东北风，来
年清明时节天气晴好。

闽南话中称甲壳两端尖出的梭子蟹为"蠘"，"煎蟳炊蠘"是闽南人对不同螃蟹烹饪方式的诠释。红膏蟳得用香煎才能凸显滋养的功效，而梭子蟹的肉质最是鲜甜，清蒸更能保持原汁原味。

蟹的烹饪方式除了看品种，还要看它的肥瘦程度。一般来说，肥壮肉满的蟹宜清蒸，轻瘦的则适合煮汤或熬粥。将蟹带壳熬出的汤头鲜甜爽口，用来做米粉汤或煮海鲜粥，都很受欢迎。除此之外，将梭子蟹切成小块，简单的加蒜头清炒，也是滋味丰富的下酒好菜。

十一月初二

zím sǐ hō liâo e hāi siàn。
螃蟹是美味的海鲜。

闽南是我国海蛎的主要产区之一，海蛎自然是闽南人日常饮食中十分常见的食材。各地游客来到闽南，必然要品尝当地的海蛎煎。其实闽南人烹饪海蛎的方式多种多样，绝不仅海蛎煎一种。过去海边的疍民就常鲜食海蛎——用小刀撬开礁石上的海蛎壳，剜出海蛎，一口吸进嘴里，吃的就是一个鲜味。新鲜的海蛎还可以用来煮汤，做成海蛎面线，鲜爽清香；还可以加酱油红烧，或者炸成海蛎饼。海蛎晒干则被称为蚝干，便于储存运输，也更加滋补身体，是馈赠亲友的佳品。

十一月初二

bbǎn lám wǔ zîn zuě ô à zuě ê bbī sīk,
闽南有很多蚵仔做的美食，
bī lû ê ā ziān、ê dê zǐg、ê ā mǐ suǎg。
比如蚵仔煎、蚵仔饼、蚵仔面线。

海瓜子是闽南和潮汕地区特有的贝类海产。如同其名，海瓜子只有西瓜子大小，外壳薄脆，剥开薄壳，里面的肉如同黄豆。它一般被当作下酒菜。蒜头和干辣椒下油锅爆香，加入洗净的海瓜子翻炒，待一个个青壳打开，露出金黄的肉粒，再浇上一勺酱油，就是夏季大排档里点单率最高的小菜。炎热的夏季，啖一颗海瓜子，就一口冰镇啤酒，就是夏天的味道。

十一月初四

siôk mī ziǎ puà gē。
俗物吃破家。
释义：指便宜的东西买
多了也会用光家底。

对闽南人来说，海鲜皆可"酱油水"。花蛤也不例外。花蛤是闽南十分常见的贝类，在其他地方又被称为"花甲"。闽南人烹饪海鲜追求食材的原味，无论是加姜丝做汤，还是加酱油爆炒，做成"酱油水"，亦或是时下最受欢迎的锡纸烤花蛤，都能让食客"鲜掉眉毛"。简单家常的烹饪方式，往往最能体现食材的本味。

十一月初五

wā bbē diām zît hǔn kō huê gâk.

我要点一份烤花蛤。

海蛏是生长在海边滩涂中的贝类，是闽南沿海地区常见的海产品。它的两片外壳呈扁椭圆形，有拇指粗，壳薄而脆。海蛏在闽南有许多做法，可以蒸着吃、炒着吃、加酱油水煮着吃，也可以拌点地瓜粉做成汤羹，还可以晒成蛏干，用来炒米粉、下面线等，都十分美味。其中最鲜的做法莫过于清蒸。将海蛏如同一根根竹签竖直插入炖盅，撒上盐巴和姜丝，蒸到蛏壳将开未开时取出，连蛏肉带汤汁吸入口中，无比鲜甜爽脆。

十一月初六

日积月累

kuàg běng dào ziǎ bêng。
看饭斗吃饭。

释义：看饭斗中饭量的多少
来添饭，意喻见机行事。

血蛤是闽南沿海常见的一种贝类，它的贝壳较厚，呈卵圆形，白色的贝壳上有放射状的齿痕。血蛤是一种具有温补功效的食材。其烹饪方式简单，只要将血蛤洗净，用滚烫的开水氽烫几秒即可。经过开水迅速氽烫的血蛤肉嫩润滑，异常鲜美，汁液鲜红，具有补血功效。

血蛤除了日常食用之外，还是闽南除夕夜家宴上的压轴菜。一家人围聚在一桌吃血蚶（即血蛤），而后将蚶壳洗净，抛到床下、门后或屋顶，并默念："蚶壳钱，赚大钱。"年夜饭就在这抛蚶钱的叮当声中进入了高潮。

十一月初七

hâm kōk zíg, tàn duǎ zíg。

蚶壳钱，赚大钱。

俗话说"靠山吃山，靠海吃海"，来到闽南，必到海鲜大排档，到大排档吃海鲜，必点东山小管。小管是东山一带盛产的一种小鱿鱼，它的外形和鱿鱼相似，只是略小，每只约巴掌大，有十条细长的触手，身体内藏着一根透明的软骨。小管的肉脆味鲜，营养价值很高。每年的七八月份，东山岛就有大量新鲜的小管上市。此时的小管膏肥肉脆，是各地游客到东山岛必吃的特色海鲜。

十一月初八

日积月累

kò suāg ziǎ suāg, kò hài ziǎ hài.
靠山吃山，靠海吃海。

闽南人家常用腌制的小海鲜配稀饭，泥螺就是其中一味。泥螺也称为麦螺、凤眼螺，是一种薄壳的软体动物，大小和扁豆仁差不多，外表呈黄褐色。闽南人将泥螺用粗盐、蒜末、高粱酒进行腌制，腌制好的泥螺就叫麦螺醢。腌制后的麦螺醢壳体透亮，伴着蒜味的腥香。爽滑的螺肉用以佐粥，令人回味无穷。

十一月初九

gān ā gué, lâi pè bbé.

腌泥螺，来配糜。

大雪，标志着仲冬时节正式开始。在闽南，大雪节气在"吃"这方面并没有太多的讲究，但由于进入冬季，天气越来越冷，人们就会开始进补，从而增强身体的御寒能力。进补吃的主要食材就是番鸭、乌鸡或者羊肉。番鸭和乌鸡一般与中药材四物（当归、川芎、白芍、熟地）一同炖汤；羊肉则会搭配板栗、萝卜、枸杞等食材红烧。这些药膳能够驱寒滋补，强健身体。

大雪（于每年公历十二月七 — 八日交节）

 guâg tīg ziǎ boò, kuî cūn pà hoò.

寒天吃补，开春打虎。

解释：在冬季进补可以使身体强健，
增强御寒能力。

在厦门同安大轮山著名的梵天寺后，有一座文公书院，又名大同书院、紫阳书院或轮山书院。这座书院建立于元代，是厦门最早的书院，也是泉州府内最早的官办书院，祭祀着朱熹朱文公。朱熹曾任同安主簿，他在同安开创了讲学之风，文公书院是朱熹"兴贤育才"思想的历史见证。后来，这座书院又走出了蔡复一、蔡献臣、许獬等众多同安历史名人。今天这里成为"国际朱子学"专家学者研究朱熹学术思想的圣地。

十一月十一

ǒ hò sâg ní, ǒ pài sâg līt。

学好三年，学坏三日。

释义：学坏容易，学好难，切勿染上恶习。

在漳州市芗城区浦南镇，有一座被誉为"八闽第一书院"的松州书院。这座书院是开漳圣王陈元光之子于唐中宗景龙二年（708年）创立的。它是漳州创办最早的官办书院，也是全省乃至全国最早的书院之一。

松州书院作为我国第一所教学功能比较齐全的书院，规模宏大，在教育史上具有重要的意义。书院的教学内容以儒家经典为主，它在一定程度上促进了儒家文化向平民化和社会化的方向发展。在教学方式上，松州书院提倡"论说""开引"，即以学生自修为主，教师引导为辅，鼓励学生独立研讨，质疑问难。松州书院彰显着漳州这座中国历史文化名城深厚的文化根基。

十一月十二

bbě ǒ giág, sîng ǒ bē。

未学行，先学飞。

释义：还没学走路，就要先学飞。
比喻做事不踏实，好高骛远。

在厦门白鹭洲公园东区筼筜湖畔，坐落着一座现代书院——筼筜书院。筼筜是竹之雅称。筼筜书院三面环水，翠竹掩映，犹如一片世外桃源。书院的主体建筑循经典书院格局建造，在外观上又富有闽南建筑风格，周围环抱三栋高品质的文化艺术馆，形成了氛围浓郁的传统文化聚集区。这里曾开展多层次的国学教育普及活动、海峡两岸国学论坛以及国学专题研究等，是一个弘扬中华优秀传统思想文化的新平台。

十一月十三

bbê ǒ sū, sîg ǒ sūh。
未学师，先学术。
释义：指学风不踏实，
好高骛远，无法学成。

小山丛竹书院位于泉州鲤城区开元街道北门模范巷内，它与泉山书院、石井书院、欧阳书院并称为泉州古代四大书院。

　　南宋绍兴二十六年（1156年）七月，朱熹任职同安主簿即将届满，在此处等候转批。他认为这里是清源山"龙首之脉"，倡议以"不二祠"为场所建设书院，传播儒学。而后，他在这里立竹建亭，讲学其中，并亲自题写"小山丛竹"匾。自此以后，文人墨客途经泉州，必到"小山丛竹"朝拜朱熹，这座书院因此声名远播，是泉州文脉的重要发源地之一。

十一月十四

ziǎ zît hě, ô zît hě。

食一岁，学一岁。

释义：即活到老，学到老。

随着城市文化设施的日益升级完善，厦门人日常文化娱乐活动愈发多彩。近年来，到剧院欣赏歌舞剧、音乐会或是经典话剧，成为厦门市民周末休闲的方式之一。位于厦门会展北片区的闽南大戏院，就是文化艺术爱好者汇聚的殿堂。

　　闽南大戏院总建筑面积2.7万平方米，参照国际一流剧院水准建设。剧场内部的设计、用材，舞台机械、灯光、音响系统等设备均按照国内顶尖剧院的标准配置，能够承接国内外高水平的大型歌剧、舞剧、交响乐、室内乐、合唱等演出的需要。闽南大戏院定位于"立足东南沿海、联通海峡、面向世界"，是我国东南沿海的大型文化艺术中心和国际文化交流平台。

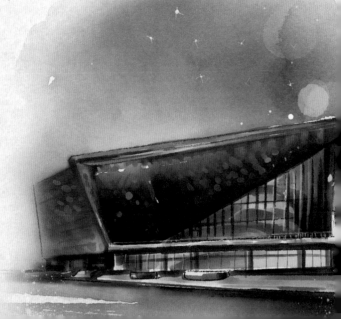

十一月十五

wā wǔ lěng diûg hì piô,
我有两张戏票，
wû yíng dào dîn kī kuàg hǐ。
有空斗阵去看戏。

在琴岛鼓浪屿上，有一座特别的博物馆，那就是藏在菽庄花园内的钢琴博物馆。这是国内唯一的钢琴博物馆，里面展出了70多架古钢琴。其中有世界最早的四角钢琴，有最早最大的立式钢琴，有古老的手摇钢琴，有奇趣的转角钢琴，有产自一百年前的脚踏自动演奏钢琴等等。这些古老而珍贵的钢琴全部由钢琴家、收藏家胡友义先生捐赠。胡友义1936年出生于鼓浪屿，他热爱音乐，年近古稀时将毕生收藏的几十架钢琴从澳大利亚运回厦门，托付给家乡。徜徉钢琴博物馆中，如同浏览世界钢琴发展史。

十一月十六

日积月累

goō lông sû ǎ giò zuè "gèng kím zî dò"。
鼓浪屿也称作"钢琴之岛"。

在厦门思明南路蜂巢山路段西侧，树立着一座白色花岗石砌成的重檐式宫殿建筑，屋檐以翠绿的琉璃瓦铺饰，斗拱玲珑，古色古香。这里是我国唯一的侨办博物馆——厦门华侨博物院。

厦门华侨博物院是以华侨历史为主题的综合性博物馆，是爱国华侨领袖陈嘉庚先生创办的。博物院内设有三个陈列馆，馆内的千余件陈列品讲述了华侨的历史命运、华侨和侨居国人民的友谊、华侨对祖国的贡献、华侨社会的过去和现在，以及侨务政策的回顾。馆内还陈列了华侨、归侨带回的富有各侨居国风俗特点的生活用品、饰物、艺术品等。现在，华侨博物院是全国侨联爱国主义教育基地，全国、省、市社会科学普及基地，厦门市国防教育基地、厦门市科普教育基地。

十一月十七

suè lî bbô sǐ bùn。

细腻无蚀本。

释义：凡事小心谨慎，才能平安
无事，所谓小心驶得万年船。

麻粩，是一种用糯米、芝麻、花生制成的油炸点心。其形状如卵，中间是酥脆的米香，外面裹着麦芽糖和花生碎或芝麻粒，吃起来酥松甜蜜。古代闽南官员曾将它作为贡品送到宫廷，深得赞赏皇家贵族赞赏。早年，麻粩主要用于婚娶下定、纳彩、迎娶等场合，后逐渐成为闽南人的日常茶点和馈赠佳品。

十一月十八

cuǐ kuâ ziǎ sù hōng。

嘴阔食四方。

释义：嘴巴大到处吃得开，是富贵相。

蒜蓉枝，就是蒜蓉麻花。它外表和天津麻花一样，但是味道却不同。它的表面裹了一层白色的蒜蓉，吃起来有浓浓的蒜香味。相传蒜蓉枝源于古时七夕节市面上卖的"拧枝果"。因为其形状缠绕不解，如同牛郎与织女相爱不分离，人们便在七夕这天购买蒜蓉枝，以求婚姻或爱情甜蜜、美满。

十一月十九

cuǐ gā zī mǎ ê siō dâk。

喙和舌有时也会相触。

释义：嘴巴和舌头有时也会"打架"。指关系再好的人也会闹别扭。

糯米炸是闽南地区的传统小吃。它采用糯米粉炸成。将糯米粉加适量的水揉成团，待油热后取一团糯米拉成S型，在油锅里炸出金黄色的外衣，捞出沥干后再滚上一层白糖末，吃起来外脆里绵，柔软香甜不黏牙。在此基础上，食客还可以根据自己的喜好添加调味品，常见的是混合了白糖粉的花生末和芝麻末。

十一月二十

日积月累

zǎi tāo ziā, ěm zǎi cīt cuǐ。

懂得偷吃，不懂擦嘴。

释义：指事情办得不圆满，留下把柄或证据。

咸糕仔是闽南一带最常见的茶配。它以米粉为主要原料，混合了猪油、葱、芝麻和少许的食盐、蔗糖蒸成，食用前小火煎至焦黄，吃起来甜而不腻、香酥可口。旧时的米糕只有甜口的，相传有一位糕仔师傅与老板发生口角，为了报复老板，偷偷在米糕的原料中加了一把盐，想要以此断了老板的财路。谁知半咸半甜的糕仔广受好评，师傅也得到老板的嘉奖，这一小点得以流传至今。

十一月廿一

giâm gô à pè dé, lîb cuǐ diǒ hū.

咸糕仔配茶，入口即化。

逢年过节餐桌上少不了大鱼大肉，而漳州人却割舍不下一碗咸菜笋。漳州的咸菜笋用新鲜的大笋、经过腌制的咸芥菜和猪骨、五花肉做成。将肥厚的五花肉煸炒出猪油，再加入新鲜的笋块和咸芥菜翻炒均匀，随后倒入提前熬好的大骨汤或老鸭汤，炖煮约40分钟，待鲜笋去生、入味即可。经过高汤炖煮的大笋吸收了咸菜的酸爽和猪油的香润，吃起来爽脆不腻，十分下饭。即便面对满桌山珍海味，最受欢迎的依旧是这一锅质朴的家常菜。

十一月廿二

giâm cài sùn pè bêng zîn pāng。

咸菜笋配饭很香。

大肠血是厦门同安的一道特色小吃。它的名字乍一听令人生畏，尝过以后却又让你欲罢不能。大肠血用猪大肠和猪血制成。先将完整的大肠洗干净，再将新鲜的猪血灌入，而后封住大肠两端，放到大骨汤里熬煮。吃的时候将大肠剪成小段，撒入香菜末或芹菜末、葱花和白胡椒粉。滑嫩的猪血与嚼劲十足的大肠一同入口，就着清爽的汤头，滋味独特。一碗下肚，暖胃暖身。

十一月廿二

duǎ dêng huî pè giâm bêng.

大肠血配咸饭。

古代闽南海外贸易发达，这与闽南沿海的造船技术密切相关。中国古代有四大船型，分别是：黄海的沙船、广东的广船、浙闽广的鸟船和福建的福船。福船的制造工艺以泉州为最。

福船的外观独特：尖底、小方头、宽尾，龙骨上留有八个保寿孔，孔内放置铜镜、铜钱、红布、丝线等吉祥物，以求一帆风顺。福船以其先进的水密隔舱技术著称——用隔舱板把船舱分为彼此独立而不透水的一个个舱区，当船舶遭遇意外破损时，其他未受影响的隔舱就能继续保持浮力，大大提高船舶的安全性，而且便于货物分舱管理。

十一月廿四

cîng līt zǒ zún, zî līt gè gāng。

千日造船，一日过江。

释义：造船花费了很长的时间，过江
却只需短短一日。意喻做好长期准
备，才能成事。

漳州种茶品茶历史悠长，唐代漳州首任刺史陈元光的《龙湖集》中有诗"采茶喜钻新榆火""茶壶团素月"，描述了采茶、榆木焙茶的情景。

漳州乌龙茶属半发酵的青茶，是在闽南乌龙传统制作工艺的基础上结合闽北乌龙制茶工艺，经几代老茶人的实践积累而形成的独特工艺。其中"补火"工序是漳州茶厂的独家秘笈。经温火慢烘的茶叶品质稳定且耐储存。漳州乌龙茶滋味清醇甘甜，以独特的"花香蜜韵"闻名遐迩，深受广大茶叶爱好者的青睐。

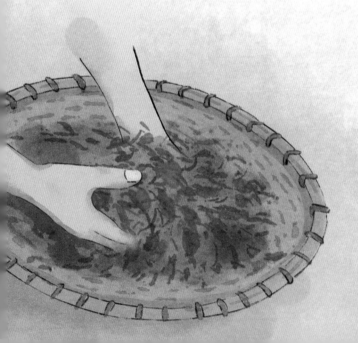

十一月廿五

dé bô lîn zíng gâo。
茶薄人情厚。

释义：闽南人习惯以茶待客，茶水
虽淡薄，但真情实意，情意浓厚。

闽南俗语道"水呷好像糕人仔"，妆糕人是泉州极富代表性的非物质文化遗产。泉州妆糕人源于中原地区的捏面人，都是以粮食为主要创作原料的民间传统艺术。泉州自古有"一套糕人一台戏"的说法，妆糕人的创作深受古代梨园戏、木偶戏等闽南地方戏曲的影响，其艺术形象多是戏剧人物。每逢节日庆典，活动现场若设有妆糕人制作展演，定能吸引众多群众驻足观看，更增添节庆欢乐气氛。

十一月廿六

suī gā cîn ciǔg gô lâng à。
水呷好像糕人仔。

释义：夸奖人长得好看，美得
好像妆糕人。

泉州的惠安女子不论走到哪里都喜欢穿着当地特有的服饰——惠女服饰。惠女服饰在汉族女子服饰中独树一帜，是中国传统服饰之一。惠安女子一般头戴金色斗笠，披花头巾，遮住头发和颈部，只露出面部，上身穿湖蓝色斜襟短衫，露出肚脐，下着宽大黑裤。这一装扮起初是为了方便妇女从事海边的劳作。闽南有一首打油诗道："封建衣，民主肚，节约衣，浪费裤"，形象地勾勒出惠女服饰的特点。

十一月廿七

hông già sāg, bbîn zū doô,
封建衣，民主肚，
ziē yōk sāg, lǒng huì koô。
节约衣，浪费裤。

十音铜锣是南音特有的一种铜乐器，主要配合南音的"下四管"器乐演奏。"下四管"声音铿锵，而十音铜锣声音柔和，是南音不可缺少的一种乐器。

十音铜锣锻制工艺独特而复杂，主要采用"刨"和"削"等手工技法，并以南音中洞箫的音阶来定音。过去十音铜锣锻制技艺被作为家传技艺，只能父子相传，不能外授。如今，随着南音被列为国家级非物质文化遗产，十音铜锣锻制技艺也得到了保护和传承。

十一月廿八

gōng puǎ ěm dâh zíg。

说破不值钱。

释义：看似颇有玄机的事，说破
则不值一提。

东山歌册是由广东潮州传入福建东山的一种曲调，在经过民间歌手的演绎之后，逐渐形成一种独特的曲艺，民间俗称"唱歌册"。"东山歌册"用潮州方言编写（潮州方言接近闽南语），以诗叙事。表演者一人吟唱长篇韵文体的叙事"歌册"，内容故事性强，文字浅显，唱词押韵顺口，唱腔韵律平稳，具有东山地方特色。传统的歌册有《杨令婆》《薛丁山征西》《穆桂英挂帅》等。

十一月廿九

ggīg à ǒ ciùg guā——bbô poò。

囝仔学唱歌——无谱。

释义：小孩儿学唱歌，离谱。比喻人的言行不符合实际和准则。

冬至在闽南称为"冬节"，闽南人习惯把冬至当成小年，有"冬节小年兜"的说法。这一天是闽南人比较重要的祭祖之日，要准备三牲、果品、好酒来祭拜、缅怀祖先。也因为如此，冬至不宜互送祝福，也不说"节日快乐"。冬至也是闽南人非常重视的进补之日，往往要用鸡鸭牛肉与滋补的中药炖汤来暖身。除此之外，还要吃汤圆，祈愿一家团团圆圆。

冬至（于每年公历十二月二十一——二十三日交节）

dâng zuê siō nî dāo
冬至小年兜

骑楼

十二月

《草索拖阿爸》是闽南一带流传久远的民间故事。

从前有个老阿公，年纪大了久病在床。他的儿子觉得拖累，就找来一根草绳，将老父亲捆在一块木板上，交代自己的儿子，将老父亲拖到后山上去扔掉。他的儿子照做了，回家时还解下草绳带回了家。他问儿子为什么还要带回草绳，儿子回答说："草索拖阿公，草索拖阿爸。等阿爸老了，还要拖你上山！"这个人听了面红耳赤，为自己的不孝感到羞愧，便与儿子上山，把老父抬了回来，从此尽心服侍。

十二月初一

bě bbù wǔ zíng, huāt lūh bbô zíng.

父母有情，法律无情。

释义：法律面前人人平等，告诫
父母对子女不要过分宠溺。

《陈三五娘》是闽南诸多戏曲表演中常常上演的故事。传说泉州有个才子叫陈伯卿，家中排行第三，邻里皆称他陈三。他送兄嫂往广南上任，路过潮州，在元宵灯会上与富家女子黄五娘邂逅，互生爱慕。但贪财爱势的黄父执意将五娘许配给富豪林大，五娘心中愁闷。陈三再次来到潮州，乔装成磨镜匠人，进入黄府。陈三在磨镜时故意将镜摔破，以此为借口在黄家为奴。后来林大强娶五娘，陈三和五娘在丫环益春的相助下，私奔回泉州。

十二月初二

dân sâg bbuâ giâg, yǐ zǎi ggoō niú。

陈三磨镜，意在五娘。

释义：书生陈三为追求五娘而化装成磨镜师傅，为五娘磨宝镜。

闽南地区山高林密，古时有猛虎出没，流传有《打虎亲兄弟》的传说。

相传有兄弟三人，老大下南洋讨生活，老二老三每日上山砍柴，夜里一同练武防身。有段时间村里有老虎出没，老二老三决意为民除害。于是兄弟俩拿着钢叉和铁棍上山埋伏。一见老虎，老三把钢叉对准老虎的脖子一叉，老二用铁棍打折老虎的前腿，老虎束手就擒。

老三向妻子讲起兄弟打虎的情景，妻子觉得丈夫出了大力气，而二哥省力得多，二人平分得利不合理。老二禁不住妻子的怂恿，隔天，夫妻二人拿了家伙又上山打虎。一见老虎来，老三的妻子差点吓昏过去。老三没了后援，也发慌了，大喊救命。正当危急之际，大哥二哥双双赶来救援。

原来，老大思乡心切，正巧返回故里。兄弟两人回家不见老三，就上山寻找。经此教训，老三的妻子再也不敢搬弄是非了，三兄弟亲密无间。"打虎亲兄弟"这句话就在闽南一带流传开来。

十二月初二

bbě būn sǐ hiâg dî, bûn liào sî hiûg lì。

未分是兄弟，分了是乡里。

释义：未分家是兄弟，分了则疏远如同乡。

厦门将军祠路原有一座清朝将军吴英的祠堂。吴英是南安人，少时流落厦门街头。一日万寿宫酬神，一位赖老太来敬佛烧香。吴英躲在香案桌下把供奉的鸡偷到桌后吃，被人捉个正着。赖老太没有追究，反而收留他在家干活。

清朝初年战乱四起，吴英报名参军，赖老太给人高马大的吴英连夜赶制了一双大脚鞋。吴英总舍不得穿，上战场时把鞋扎在腰间。有一次，清军节节败退，撤退时吴英发现鞋掉了一只，急忙举着大旗回头冲入敌营，拼死搏斗，敌人以为清兵救援到了，仓皇退兵，清兵反败为胜。

吴英立功拜见皇帝。皇帝封吴英为同安总兵。当他返回厦门时，赖老太已经过世。他不忘旧恩，在赖老太旧厝修建祖厝奉祀，并将那双立功鞋摆在香案桌上。这条巷就名赖厝埕巷。

十二月初四

ziǎ gē zì, bài ciǔ táo。

食果子，拜树头。

释义：告诫人们饮水思源，不可忘本。

在厦门的翔安刘五店、大嶝及西南一带海域，生活着一种透明无骨的小鱼儿，那就是国家一级保护动物——文昌鱼。在厦金两岸流传着与文昌鱼有关的一段传说。

相传在厦金海域间有一座小岛，形似鳄鱼，天长日久，这座小岛竟然修炼成鳄鱼精，常常滋扰沿海渔民。南宋年间，理学名家朱熹任同安县主簿，来到此地见鳄鱼兴风作浪，便掏出朱笔奋力一掷，不偏不倚，正中鳄鱼精眉心。鳄鱼精倒地死去，身体化为一条条透明的小鱼儿，渔民就叫它"鳄鱼虫"。

由于朱熹是学士大儒，民间传说他是文昌公下凡，人民便把"鳄鱼虫"改称为"文昌鱼"。

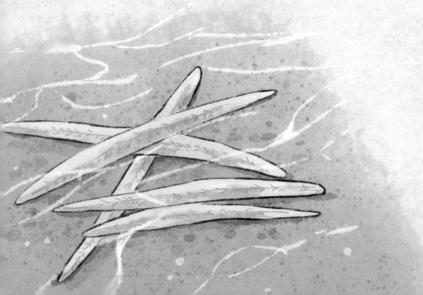

十二月初五

zît kūh hí ěm dâk zî bbē diông bān。

一窟鱼不堪得一尾中斑。

释义：中斑是闽南本土的鱼，好斗，常引发鱼群的混战。比喻一个不好的成员，就能对一个集体造成不好的影响。

"米水融合，柔腻合一，才谓之粥也。"古人给"粥"下的定义，在闽南鸭肉粥里得以完美呈现。鸭肉粥的重点在粥，对水、米、汤、火都十分讲究。

　　闽南的鸭肉粥需用鸭汤浸泡特选大米，加上少许糯米慢慢熬煮，熬到黏稠再加入适量的卤汁继续用小火煲。这样煮出来的粥底大米粒粒分明，但是吃下去却有种绵滑软糯之感，米汤黏稠，入口咸香，每一粒米都渗入了鸭肉的香甜。再拌入自选的卤料，如鸭肉、鸭胗、鸭肠等一起吃，滋味绵长，暖胃暖心。

十二月初六

lāo bàn, lâi zît wāg à bbà bbé, câm à bbâ、
老板，来一碗鸭肉粥，掺鸭肉、
à giân 、à déng。
鸭胗、鸭肠。

冬粉鸭，即鸭肉粉丝汤，是闽南经典小吃。其鸭肉不同于江浙的老鸭粉丝汤，是以幼鸭为佳，鸭肉嫩而不老，鲜甜适口。冬粉鸭的鲜主要来自汤头，采用鸭架以文火熬制而成。熬得恰到好处的高汤，加入姜丝和咸香的冬菜，放一把透明细腻的粉丝，再自选鸭胗、鸭血、鸭肠、鸭肉等食材汆熟，蘸着特制的酱料，就着鲜香的鸭汤，香味扑鼻，清润可口。

十二月初七

 zīt wāg dǎng hūn â ê têng táo zîn hò.
这碗冬粉鸭的汤头真好。

芥菜对于闽南人来说，是充满智慧和哲理的菜。闽南话说，"芥菜从头摘"，意思是摘芥菜要将嫩叶留着慢慢生长，老叶子先摘，由生到死，新旧交替，都要遵循自然规律。

冬天是芥菜收成的季节，闽南人的餐桌上一定少不了芥菜。此时被霜打过的芥菜口感甘甜，最受欢迎。芥菜烹饪的方式很多，可以加虾皮清炒，或与猪五花一同炖成芥菜煲，还可以做成芥菜咸饭。闽南人家在祭祀的时候，会呈上一碗芥菜饭，向先祖祈求家族代代兴旺。

十二月初八

bbê bêng siō lîn sōng。
糜饭小人参。
释义：三餐按时吃饭，堪比吃小人参。

在厦门海沧，有一道身价不菲的特色佳肴，那就是土龙汤。土龙的学名叫"食蟹豆齿鳗"，顾名思义，这种海产连螃蟹都吃，足见其凶猛。土龙身形如同蛇状，没有鳞片，生活在河口，生命力非常强。民间认为土龙有活血化瘀、强筋壮骨的功效，因此用它来煲汤。土龙切段，与龙骨和当归、枸杞、姜片等中药一同熬制数小时，熬到骨肉软烂，汤汁浓厚。当地人凡是身体虚弱、摔伤、骨折、筋骨酸痛，都要来一碗土龙汤调养身体。

十二月初九

sí gǎo sí dēng, bbô bbì zū hân zû tēng。
时到时当，没米煮番薯汤。

释义：出现什么情况就采取相应的方法
应对，就像没米下锅时就煮番薯汤充
饥。形容处事要善于随机应变。

闽南人爱喝汤，善于炖各种药膳汤。在各式汤品中，四神汤是一款性质平和、老少咸宜的药膳。"四神"就是指茯苓、淮山药、莲子和芡实。四款药材与龙骨同炖，有健脾温肾、改善胃肠功能的效果。

相传乾隆下江南，随行的四位大臣水土不服，相继病倒。当地知府张榜觅医，有一个福建来的游方药僧揭了榜。经过一番望、闻、问、切，药僧开了淮山、芡实、莲子、茯苓四味药，和肉一起炖成药膳，说："四臣能好。"那四位大臣喝汤吃肉后，很快恢复健康。闽南方言里"神"与"臣"同音，大家就把这种汤命名为四神汤。

十二月初十

zît liâb cân lé gāo wāg tēng。

一粒田螺九碗汤。

释义：一颗田螺炖了九碗汤，寡淡无味。

漳州是著名的瓜果之乡，因处在亚热带湿润的气候地区，西北多山，东南临海，九龙江横贯全境，其独特的地理条件十分有利于南方水果的种植培育。

杨桃是漳州云霄传统的拳头产品，下河乡是漳州杨桃的主产区，已有上百年的杨桃种植历史。下河杨桃被称为"天上星，人间果"，凭借果大、味甜、水分多等优点畅销国内外。每逢深秋，颗颗油亮的杨桃挂上枝头。黄绿色的杨桃饱满鲜脆，吃起来芳香清甜，是秋冬季节润燥去火的佳品。

十二月十一

日积月累

kǔn kā hō ziǎ boò。

睡较好食补。

释义：睡得好比进补更重要，
强调睡眠的重要性。

芦柑是漳州传统的出口名果，被视为柑中极品。我国芦柑栽培历史悠久，距今已有一千多年的历史。《闽书》载："唐时本地有沙橘尝入贡，近时天下之柑以浙衢州、闽之漳州为最。"漳州芦柑果实硕大，色泽鲜艳，皮松易剥，而且肉质脆嫩，汁多化渣，味道芳香甘美。芦柑营养丰富，且有清肠润肺的功效。

十二月十二

bbín yī sīk wêi tiān,
民以食为天，
bbô ziā kǒng kǒng diān。
没吃空空颠。

释义：民以食为天，没吃
饭就会头晕站不稳。

水仙花是漳州著名的特产，也是漳州的市花。水仙在漳州有500多年的栽培历史，大约在明代景泰年间传入漳州，以蔡坂一带为最著名。这里气候温和，土质肥沃松散，又有圆山山泉灌溉，极适宜水仙花的生长。水仙花品格高坚，芳香流翠，象征吉祥，有"凌波仙子"的美称。每逢新春佳节，闽南家家户户在桌上摆放水仙花，表达新春的喜悦和祝福。

十二月十三

âng huē bbuê pāng, pâng huē bbuě áng。

红花不香，香花不红。

释义：意为凡事不能两全其美。

漳州是著名"水仙花之乡"，水仙花的雕刻已有两百多年历史。相传200多年前，漳州九湖镇有位花农不慎用锄头挖坏了水仙花的种球，又舍不得扔掉，就任其生长。不料花球长得又粗又壮，而且造型别致，于是聪明的漳州人在此基础上开创了水仙雕刻技艺。

　　水仙花雕刻，主要通过刀刻手段使水仙的叶和花矮化、弯曲，从而创造出多种艺术造型。技艺精湛的花艺师，能使水仙花展现出千姿百态，栩栩如生。

十二月十四

dǎm sû yág

担输赢

释义：意为做事情要勇于承担后果。

"冷在三九，热在三伏。"小寒与三九天相交，标志着开始进入一年中最寒冷的日子。闽南俗语说道："小寒冷冻冻，寒到提火笼"，人们要随手把火笼带到身边，可见天气有多寒冷。

　　闽南的冬春季节往往湿冷相伴，因此在饮食方面这一时节比较注重驱寒祛湿。姜母鸭就是此时的时令佳肴。鸭肉滋阴补气，而老姜能够驱寒去湿、行气活血，二者结合，可谓滋而不腻，温而不燥，闽南百姓尤为喜爱。

小寒（于每年公历十二月五——六日交节）

siō hán līng dàng dǎng, guâg gā guǎg hê làng。

小寒冷冻冻，寒到提火笼。

在闽南，每月初一、十五或者初二、十六都要祭拜土地公。农历二月初二是当年第一次祭祀，叫"做头牙"，而腊月十六是最后一次祭祀，也最为隆重，称为"做尾牙"。尾牙这一天，商行店主都要备办丰盛的晚餐，款待辛苦了一年的伙计。旧时老板会在尾牙席间暗示来年伙计的去留：宴席尾声会上一盘鸡，鸡头对准哪位员工，即有意将其解雇。如今这一旧俗已被摒弃，商家老板会诚挚邀请全体员工热热闹闹地吃一顿尾牙盛宴。

十二月十六

ziâ bbē ggé bbîn yoû yoū, ziǎ tâo ggé liān cuì ciū。

吃尾牙面忧忧，吃头牙捻胡须。

释义：吃尾牙宴忧心忡忡，吃头牙菜悠闲自在。

在厦门中山公园的北门，有一处热闹的鲜花市场，也就是溪岸路花鸟市场。这一集市形成于20世纪80年代，被老厦门人统称为"二市"。这一带原为厦门第二菜市场，后经改造成为"美仁宫菜市场"。由美仁宫市场沿着溪岸路延伸至公园东门，是30多家花店形成的鲜花集市。这些花店不同于市面上精致的花店，鲜花被分类装在桶里，从店面内排到街边，花朵新鲜，价格实惠。街上的市民往往一手提着菜篮，一手搂着大把的鲜花，透露着市井与悠闲的气息。

十二月十七

kī lǐ cî ě yìng bbuē diô suì gō sioô ê huē。

去二市可以买到漂亮又便宜的花。

在厦门几个比较有名的集市当中，四里菜市场似乎不太像一个农贸市场，而更像是小吃一条街。从湖滨三里到湖滨四里之间，不过二三百米，却藏着许多朴素的古早味：有声名远扬的"四里沙茶面"，有清香扑鼻的冬粉鸭，各式各样的闽南炸料，有新鲜弹牙的章鱼、土笋冻……四里藏着不少老厦门人的童年记忆。近年来，随着城市面貌的提升改造，老市场也面临整改升级，四里市场将以新的面貌迎接市民游客。

十二月十八

sì lì cài cǐ lâi wǔ bbuě ziō hō ziā ê mǐ giâg。

四里菜市里有不少好吃的东西。

在商超林立的都市里，传统的农贸市场规模日渐萎缩，而厦门的第八菜市场却成功"逆袭"，不仅保留着热烈鲜活的气息，还成为游客聚集的网红打卡点。厦门第八菜市场位于开禾路口，毗邻轮渡码头，归港的渔船靠岸，鲜活的海产就能第一时间上市。海产新鲜、种类齐全，是第八菜市场受欢迎的主要原因。不论是周末还是工作日，八市窄窄的街巷里总是人头攒动，节日期间更是接踵摩肩。游客们可以在这里购买时鲜，请厨师就地料理，还可以品尝到各式各样地道的闽南小吃。

十二月十九

tào zà kī buè cî bbuē hāi siān。
透早去八市买海鲜。

释义：大清早去八市买海鲜。

"献沙包"即丢沙包，是经典的闽南童玩。游戏之前先要动手缝沙包。取一块画布缝成掌心大的布袋，装入一把米或细沙，再将布袋缝合，沙包就做好了。一人准备两三个沙包，凑两三个人，就可以开始游戏了。游戏时要一边念童谣一边向上抛沙包，一手抛出，另一手快速接住落下的沙包。若双手能同时玩转3个沙包，则为胜者；若中途失手，就要认输。掌握了游戏方式后，还可以增加难度，在接沙包的间隙完成各种约定动作（如摸鼻子、碰耳朵等），顺利完成全套动作者为胜。

十二月二十

cūn guág hoǒ nāg zuâg, dāng guág giò kō huâg。

春寒雨若溅，冬寒叫苦旱。

释义：春雨绵绵不绝，人会觉得湿冷；冬天寒潮来
袭，则是干冷。

"咬鸡"是一项有趣的闽南童玩。游戏时先在地上画一个圆圈，参加游戏的人站在圆圈内，双手抱住一条腿的脚掌，用另一条腿支撑跳跃。蹦跳过程中，用抱住的那条腿的膝盖相互碰撞，如果一方失去平衡，双脚着地，就得认输。在进攻与退守中，如果支撑脚踏出圈外，也算输。失败者出局，获胜者继续与其他人对抗，最后的胜利者就是本场的冠军。

十二月廿一

hoò giâg loô, mǒ ě dù bbín。

虎行路，也会盹眠。

释义：虎行路中也会有犯困的时候。形
容再精明能干的人，也可能会有疏漏。

"拚壁钱"是一项传统闽南童玩，一般两人或三人一同参与。每个参与者各拿一枚铜钱，朝墙壁用力投去，铜钱碰到墙壁后反弹落地，随后投掷者站在所掷铜钱落地的位置，再捡起地上的铜钱投掷对手的铜钱，击中则为胜利。如果没有击中，就要让对方站在他自己的铜钱落地的位置，等待对手掷击自己的铜钱，并依据掷击结果判定输赢或继续交换角色。

十二月廿二

dǎng zuê oō, nî mí soō, dǎng zuê soō, nî mí hoô。
冬节乌，年暝酥；冬节酥，年暝雨。

释义：闽南气候的一般现象，冬至若是阴天或雨
天，除夕很可能是晴天；冬至若是晴天，除夕则很
可能下雨。

在各种各样的闽南童玩中，许多玩具来源于生活中，例如"预蚶壳钱"。"预"就是玩的意思，而"蚶壳钱"指的就是过年家家户户必吃的血蚶所余下的贝壳。收集若干蚶壳洗净，约上两三人，就可以开展游戏了。游戏者每人各出同样数目的蛤壳钱，用剪刀石头布的方式确定出手顺序。开局人把所有的蛤壳钱抓在手中，往地面撒去，那些叠在一起的蛤壳钱就归他自己，然后用小指把余下的蛤壳钱逐一挑向其他蛤壳钱，若叠在一起，则蛤壳归他，若没有成功，就轮下一位上场。直到把蛤壳钱全部叠完，一轮比赛才算结束，最后看谁赢到的蛤壳钱最多，谁就是最大赢家。

十二月廿二

日积月累

dâng zuê dî ggě táo, duǎ guág dǐ nî dōo;

冬节在月头，大寒在年兜；

dâng zuê ggě diông ēng, bbô sê ǎ bbô sēng;

冬节月中央，无雪也无霜；

dâng zuê dî ggě bbè, dǎi hán ziâg lî ggē。

冬节在月尾，大寒正二月。

释义：闽南气候的一般现象，若冬至在月初，年尾
就很寒冷；冬至在月中，当年冬天少有霜雪；冬至
在月底，最冷的时候会出现在次年的一月二月。

寒冬腊月，年味越来越浓。在北方，腊月二十三要过小年，而闽南则是在腊月二十四。这一天，闽南百姓都要"祭灶"。传说这一天灶王爷要回到天庭，向玉皇大帝禀报一年来这一家的功过。老百姓要为灶王爷准备三牲五果，并特别准备一份年糕，希望甜甜的年糕能够糊住灶王爷的嘴，在玉帝面前只说好话，不讲坏话。

十二月廿四

sàng sín zà, ziāb sín wǎg。

送神早，接神迟。

释义：送神仪式须在清晨进行，而接神放在下午也不迟。

漳州龙文区江东桥附近的水域江深水清，这里盛产的鲈鱼远近闻名，被称为"江东鲈鱼"。这里的鲈鱼肉质弹牙，味美而不腥，营养价值很高。闽南人将鲈鱼奉为宴席上品，逢年过节更是少不了清蒸鲈鱼这道大菜。

　　鲈鱼洗净摆盘，在鱼身铺上葱姜细丝，大火蒸熟后淋上蒸鱼豉油，再回锅蒸一两分钟即可。简单的烹饪方式能够还原鲈鱼质朴的鲜美。过年吃鲈鱼，也蕴含着"年年有鱼"的美好愿望。

十二月廿五

lāo bàn, ggîn ā līt sī mī hí siǒng cīg?
老板，今天什么鱼最鲜？

面线是闽南人日常生活中常见的主食，可以做成很多种美味餐点，例如面线糊、面线汤、拌面线、炒面线、炸面线等。炒炸面线是年夜饭中常见的主食。整扎的面线放在七成热的油锅里炸成棕红色，捞出后用开水烫去余油，加上瘦肉丝、包菜丝、胡萝卜丝、香菇、蒜苗等配料同炒。炸过的面线不容易断，更加酥香爽口，红亮的色泽也与十分喜庆，深受老人和孩童的喜爱。

十二月廿六

gîn ā lît zū sîk sǐ cā mǐ suǎg。

今天的主食是炒面线。

芋泥鸭是闽南重要宴席中常常出现的一道精致的手工菜，其做法复杂，而滋味丰富，令人一尝难忘。芋泥鸭需采用鲜嫩的鸭肉和闽南槟榔芋制作。先将鸭肉切小块，加调味料腌制，而后与切好的芋头分别上屉蒸熟；再将芋头碾成芋泥，加入葱油、盐等调味品拌匀；接着把调制好的芋泥包裹住蒸熟的鸭肉，外表裹上一层干淀粉，下油锅炸至金黄，捞出后沥干切成小块就可以食用了。这道菜将鸭肉的鲜味和芋泥的清香融合在一起，是节日餐桌上的重头戏。

十二月廿七

ā bbě ggè ní sîng bàng pâo。
还未过年先放炮。

释义：还没过年先放炮。比喻迫不及
待，做事操之过急。

闽南地区是我国主要的甘蔗产区之一。每当冬季到来，甘蔗纷纷上市。闽南人不光将甘蔗作为水果和农副产品，还给它赋予了美好的寓意。过年期间，闽南人家会在大门、房门后竖两根连须带叶的甘蔗，让甘蔗倚靠着大门，讲究的人家还会给甘蔗贴上红纸，意为"家门不倒，事事顺利"；同时也是祝愿家中的孩子像甘蔗一样节节长高。大年初一，主人要将甘蔗斩成小节摆盘上桌，让客人沾沾喜气。

十二月廿八

ziǎ gâm ziǎ, ziǎ dîg dīg, nî ní tàn duǎ zíg。

吃甘蔗，吃甜甜，年年赚大钱。

大寒是二十四节气当中的最后一个节气。"小寒忙买办，大寒要过年"，阵阵寒风挡不住百姓迎新年的热情。买春联、腌腊肉、宰鸡鸭、蒸年糕，家家户户都开始置办年货。大寒在气候上没有小寒寒冷，气温开始缓慢回暖。此时正是螃蟹膏肥肉厚的时期。闽南人将交配后卵巢完全成熟、呈橘红色的母蟹称为"红膏蟳"，将其奉为滋补佳品。闽南俗语说"一盘蟳，顶桌菜"，将红膏蟹做成煎蟹或是膏蟹糯米饭，是闽南冬季餐桌上的美味。

大寒（于每年公历一月十九 — 二十一日交节）

dǎi hán guág dàng bbuê sì, lîb cūn kǎo kǎo diô。
大寒冻烩死，立春哆嗦嗦。
释义：“大寒”未必真的很冷，立春前后却经
常冻得人直打哆嗦。

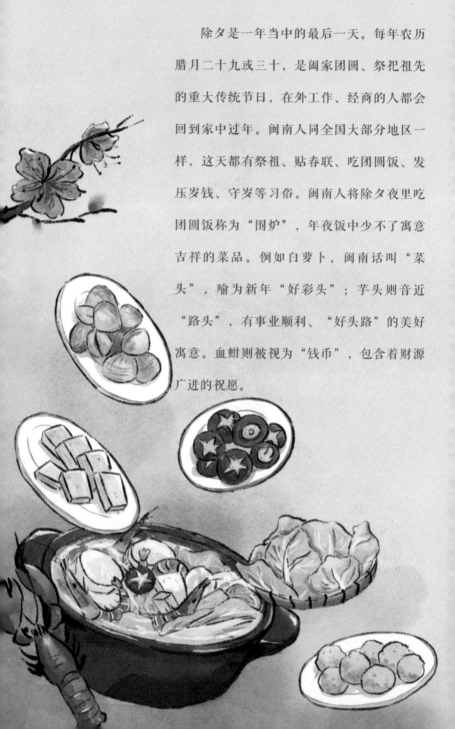

除夕是一年当中的最后一天。每年农历腊月二十九或三十，是阖家团圆、祭祀祖先的重大传统节日，在外工作、经商的人都会回到家中过年。闽南人同全国大部分地区一样，这天都有祭祖、贴春联、吃团圆饭、发压岁钱、守岁等习俗。闽南人将除夕夜里吃团圆饭称为"围炉"，年夜饭中少不了寓意吉祥的菜品。例如白萝卜，闽南话叫"菜头"，喻为新年"好彩头"；芋头则音近"路头"，有事业顺利、"好头路"的美好寓意。血蚶则被视为"钱币"，包含着财源广进的祝愿。

十二月三十

日积月累

lǐ gāo mí, zuân gē zě yîg yíg,
二九暝，全家坐圆圆，
nî dāo hō lît zì, wêi loó gè sîn ní。
年兜好日子，围炉过新年。

图书在版编目（CIP）数据

皆喜闽南：闽南文化生活日日观 / 黄婉彬主编．——
厦门：鹭江出版社，2021.12
ISBN 978-7-5459-1931-8

Ⅰ．①皆… Ⅱ．①黄… Ⅲ．①地方文化－介绍－福建
Ⅳ．① G127.57

中国版本图书馆 CIP 数据核字（2021）第 222211 号

JIEXI MINNAN

皆喜闽南——闽南文化生活日日观

黄婉彬　主编

出版发行：鹭江出版社
地　　址：厦门市湖明路 22 号　　　　　　邮政编码：361004
印　　刷：恒美印务（广州）有限公司
地　　址：广州南沙开发区环市大道南 334 号　联系电话：020-84981812
开　　本：889mm×1194mm　1/32
插　　页：4
印　　张：23.25
字　　数：174 千字
版　　次：2021 年 12 月第 1 版　　2021 年 12 月第 1 次印刷
书　　号：ISBN 978-7-5459-1931-8
定　　价：98.00 元